이미 이루어진 것처럼 살아라
전제의 법칙

네빌고다드 지음

서른세개의계단

펴낸곳 시른세게의 계단

사색에만 빠진 철학은 삶과의 괴리를 만들고, 현실의 이익에만 눈을 돌린 자기계발은 삶의 의미를 잃고 방황하게 만듭니다. 그래서 실천적인 형이상학, 즉 현실에 도움이 되면서 삶의 의미를 명확하게 할 수 있는 책을 발간하고자 하는 것이 서른세개의 계단 출판사 목표입니다. 계속 좋은 책을 발간하도록 노력하겠습니다.

네빌고다드(1905-1972)

당신의 경이로운 상상력을 믿고
당신이 원하는 삶을 살고 있는 것을 믿으십시오.
그러면 믿고 있는 만큼
당신의 세상 안에 모습을 나타낼 것입니다.
반드시!

네빌고다드의 삶과 가르침
역자서문

| [Chapter 1] I AM | 24 |

모든 것의 근원, '나'

| [Chapter 2] CONSCIOUSNESS | 30 |

의식

| [Chapter 3] POWER OF ASSUMPTION | 35 |

전제(前提)의 힘

| [Chapter 4] DESIRE | 42 |

소망

| [Chapter 5] THE TRUTH THAT SETS YOU FREE | 46 |

진리가 자유롭게 해주리라

| [Chapter 6] ATTENTION | 52 |

주의력(注意力)

| [Chapter 7] ATTITUDE | 58 |

태도

[Chapter 8] RENUNCIATION　　　　　　　　　67
대적하지 말라

[Chapter 9] PREPARING YOUR PLACE　　71
그대의 거처를 예비하라

[Chapter 10] CREATION　　　　　　　　　76
창조

[Chapter 11] INTERFERENCE　　　　　　　80
개입

[Chapter 12] SUBJECTIVE CONTROL　　　84
내면의 통제

[Chapter 13] ACCEPTANCE　　　　　　　　87
수용

[Chapter 14] THE EFFORTLESS WAY　　　92
노력 없는 방법

[Chapter 15] THE CROWN OF THE MYSTERIES   96
최고의 신비

[Chapter 16] PERSONAL IMPOTENCE   99
자기 항복

[Chapter 17] ALL THINGS ARE POSSIBLE   101
어떤 것이라도 가능하다

[Chapter 18] BE YE DOERS   105
너희는 행하는 자가 되라

[Chapter 19] ESSENTIALS   109
핵심사항들

[Chapter 20] RIGHTEOUSNESS   116
의로움

[Chapter 21] FREE WILL   121
자유의지

[Chapter 22] PERSISTENCE
끈질김 129

[Chapter 23] CASE HISTORIES
실제 사례들 136

[Chapter 24] FAILURE
당신이 실패했다면 그 이유는 166

[Chapter 25] FAITH
믿음 172

[Chapter 26] DESTINY
운명 178

[Chapter 27] REVERENCE
경외심 181

네빌고다드의 삶과 가르침

요약

네빌 고다드(Neville Goddard, 1905년 ~ 1972년)는 영국령 서인도제도 출생의 형이상학자이자 강연자이다. 현재의 수수께끼로 대두되는 끌어당김의 법칙을 1930년대부터 강연했다.

생애

서인도제도의 바베이도스에서 1905년 9남 1녀 중 넷째로 태어났다. 17살이 되던 해 드라마를 배우기 위해 미국으로 건너간다. 댄서생활을 하던 중 친구가 소개해준 책을 통해 형이상학을 접한다. 형이상학에 대한 관심이 높아지던 중 당시 카발라, 성경의 비의적 해석, 히브리어, 상상의 법칙에 대해 강연하던 에티오피아 랍비인 압둘라를 만나게 된다. 그의 강의에 매료된 네빌고다드는 7년 동안 매일 그에게 '법칙'에 관한 것들을 배운다. 그 후 자신이 깨달은 것과 경험한 것을 바탕으로 로스앤젤레스, 뉴욕, 샌프란시스코를 중심으로 미국 전역에 강연을 한다. 생소했던 강의는 점차 사람들의 눈길을 끌어, 만원사례를 이루게 된다.

법칙

그의 초반 강의의 핵심은 '상상이 현실을 창조한다'는 것이다. 이것을 법칙이라고 말한다.

압둘라는 네빌에게 두 번의 죽음이 올 것이라고 예언했는데, 여기서 죽음이란 과거의 시야에서 벗어나 완전히 새로운 시야를 갖게 되는 경험을 상징적으로 표현한 단어이다.

첫 번째 죽음은 그가 뉴욕에서 바베이도스에 가고 싶다는 소망이 생겼을 때이다. 그는 자신의 상상력을 사용해 소망을 현실로 만들어내는 첫 번째 경험을 하게 된다. 이로써 상상이 현실을 창조한다는 확신을 갖게 되면서 기존에 갖고 있던 미신적 생각에서 벗어나게 된다.

네빌은 압둘라에게 배웠던 '법칙'을 미국 전역에 강의한다. 그러던 중 그는 압둘라가 예언했던 또 한 번의 상징적인 죽음을 맞이하게 된다. 그것은 약속이다.

약속

네빌은 1959년부터 1260일에 걸쳐 일정한 내면의 경험을 갖는다. 그것은 자신 안에서 또 하나의 자아가 깨어나는 신비적이면서 상징적인 경험이었다. 그는 이렇게 말했다.

'나는 이것을 경험하기 전까지는 그 누구에게서 들어본 적도 없었습니다. 이 경험은 그 해 여름에 시작되어 3년 반 동안 진행되었습니다.'

이 경험을 겪은 후 1960년도와 1970년도의 강연에서는 법칙보다 약속을 더 강조했다.

"당신은 상상의 힘을 이용해서 자신의 환경을 바꿀 수 있습니다. 하지만 그것은 영원하지 않습니다. 당신은 상상력을 이용해서, 큰 부를 얻거나, 유명해지거나, 이런 일들을 할 수 있습니다. 하지만 당신이란 존재의 진짜 목적은 단지 이것만이 아닙니다. 바로 약속을 성취하는 것입니다."

삶과 죽음에 대한 관점

그는 죽음에 대해 이렇게 말했다.

"당신은 문을 열고 새로운 곳으로 가게 됩니다. 우린 그 문을 죽음이라고 말합니다. 죽음은 단지 그뿐입니다. 우리가 죽은 즉시, 다시 이 세상처럼 회복됩니다. 지금 이 땅에서 가졌던 것과 같은 문제를 지니면서 그 세상에서도 우리의 정체성을 이어가게 됩니다. 그곳에서도 성장하고, 결혼하고, 이곳에서 지녔던 죽음에 대한 공포도 똑같이 지닌 채 죽습니다. 만약 약속을 경험하지 못한 채 죽음을 겪게 된다면 자신의 과업을 가장 잘 성취할 수 있는 장소를 골라, 그곳에서 태어나 죽고, 태어나 죽고를 반복합니다. 그러다가 결국 당신 안에 그리스도가 태어나면 그때 당신은 부활의 아들이 되어 더 이상은 이 죽음의 세상에 돌아오지 않습니다."

그는 자신이 죽기 전 강의에서 이렇게 말했다. "제게 주어진 시간이 짧다는 것을 전 압니다. 전 이 땅에서 제게 주어진 일들을 다 마쳤기 때문에 이곳을 떠나기를 열렬히 바라고 있습니다. 약속은 이미 제게서 이루어졌기에 전 이 3차원의 세상으로 다시 돌아오지는 않을 것입니다. 하지만 제가 어디에 있든, 저는 지금 이곳에서 여러분들을 알아보는 것처럼 그곳에서도 여러분들을 알아볼 것입니다. 왜냐하면 우리는 사랑이란 무한한 끈 안에 묶여 있는, 하나의 형제이기 때문입니다."

네빌은 1972년 10월 1일에 67세의 나이로 이 땅의 삶을 마쳤다.

압둘라의 또 다른 제자였던 조셉머피는 네빌에 대해 이렇게 말했다.

"결국 세상 사람들은 네빌을 가장 위대한 신비가로 기억할 것입니다."

역자서문

우리는 계속 발전하고 있습니다

우리의 삶은, 그리고 우리의 마음은 우리가 욕망하는 곳을 향해 아주 조금이라도 매일 움직이고 있습니다. 어떤 때는 그 움직임이 아주 미세해서 우리가 정체 상태에 있는 것처럼 느껴지기도 하고, 아니면 간혹 잠깐 뒤로 움츠리는 때가 있어서 잘못된 방향으로 가고 있는 것이 아닌가, 의문을 품기도 합니다.

하지만 조금 더 큰 시야로 본다면 우리의 마음과 삶은 욕망에 따라 꾸준히 그 방향을 향해 움직입니다.

욕망이 있으면 당분간은 괴롭기도 합니다

목표와 욕망이 없을 때는 삶이 전혀 괴롭지가 않습니다. 그저 흘러가는대로 휩쓸려 가면 그만이기 때문입니다. 그러나 욕망과 목표가 생기면 그때부터는 그 흘러가는 물결에 저항해야 하고, 욕망이 성취될 때까지는 불만족을 느끼게 됩니다.

예를 들어 다이어트에 대한 마음이 조금도 없을 때는 먹는 충동이 전혀 문제가 되지 않았습니다. 그저 그 충동을 따르면 그만입니다. 하지만 날씬해지고 싶은 욕망이 생긴 후로는 현재 체중도 불만족스러워지고, 기존에 아무 생각 없이 즐겼던 음식에 대한 충동이 큰 저항으로 다가오게 됩니다.

만약 우리가 이 책을 읽고, 네빌고다드가 제시한 방향처럼 살고자 하는 욕망이 생겼다면, 우리는 그 전의 습관들과 싸우게 됩니다. 예전에는 어떤 생각이 나면 그냥 그 생각을 즐기면 됐고, 그래서 짜증나는 일이 있으면 그냥 짜증을 내고, 원망할 것이 있으면 원망하면서 살았지만, 이제는 그 생각이 내가 원하는 이상적인 삶과 모순된다면 통제의 칼을 빼들어서 그것과 싸워야 합니다. 저항들이 그만큼 더 많아진 셈입니다.

자유를 주는 법칙

네빌고다드가 전하는 '법칙'은 우리의 소망을 현실로 만들어주는 기법입니다. 그래서 재정적, 사회적, 물질적, 영적인 다양한 측면의 소망들을 이뤄주는 법칙입니다. 우리가 이 진리를 따르면 그만큼 자유가 주어집니다.

진리와 일치시키려는 과정은 항상 저항에 직면하고, 투쟁과 난관이 항상 따르지만, 결국 우리의 마음이 그 진리와 일치하게 되면, 그때는 큰 자유를 누릴 수 있습니다. 하지만 그렇기 위해서는 우리 마음을 일정한 방향으로 반드시 훈련시켜야만 합니다.

위안이 아닌 훈련

네빌고다드의 책은 우리에게 분명 위안을 줍니다. 외부에 어떤 것이 나를 구제해주는 것이 아니라고 말하고, 내가 원하는 목표에 다다르는 길이 외부의 어떤 방편이나 수단을 이용해야 하는 것이 아니라고 말하고, 내 안에 모든 목표에 도달할 수 있는 힘이 온전히 있다고 말합니다. 이것은 마음에 아주 큰 위안을 줍니다.

하지만 우리는 이런 위안에 그치면 안됩니다. 그것을 실제 현실에 가져오기 위해서는, 즉 우리 안에 온전히 담겨 있는 힘을 외부세상에 펼쳐내기 위해서는 우리의 마음을 훈련시켜서 네빌고다드가 말하는 진리와 일치시켜야 합니다.

매번 습관처럼 먹을 것이 있으면 그쪽으로 향하고, 물이 있으면 그쪽으로 달려가던 야생의 말을 자신이 원하는 방향으로 가게끔 훈련시키듯이, 보이는 것에 이끌려서 보이는 그대로 판단하고, 들어오는 생각 그대로를 어떤 통제도 하지 않고 즐겼던 내 마음을 반드시 훈련시켜야만 합니다.

그래서 우리는 진리를 듣는 자에 머물지 말고, 삶에서 실천하는 자가 되어야만 합니다.

이 책은

이 책은 [Power of Awareness]라는 원제로, 네빌 고다드의 대표 서적으로 평가받고 있습니다. 오직 '상상이 현실을 창조한다'는 '법칙'에 대한 내용만 다루고 있어서, 상상력과 의식통제에 대한 많은 영감을 줍니다. 여러분도 이 책을 읽고 난 후에는 저처럼, '마음의 훈련을 게을리하지 말아야겠다'는 각오를 한번 더 하게 될지도 모릅니다.

저는 이번 책을 마무리하면서 그동안 너무 네빌 고다드의 가르침을 '위안'에 썼던 것은 아닌가 반성했습니다. 이제는 마음을 적극적으로 훈련시켜야겠다 생각했습니다.

많은 분들이 이 책으로 인하여, 저와 같은 반성의 계기와 더불어, 마음을 더 단련하는 계기가 마련되었으면 합니다.

감사의 말

이 책의 출간에 도움을 주신 민들레홀씨님과 좋은파동님께 감사의 말씀을 전합니다. 이 책의 내용에 대하여 며칠을 같이 고민하고 이야기를 나눴던 시간이 있었기에 이 책이 나올 수 있었습니다.

이 책을 통해 많은 이들이 자신의 삶에 긍정적인 변화와 발전을 이루기를 바랍니다.

이 책은 소망을 이루기 위해 상상력을 어떻게 다뤄야 하는지에 대한 실용적인 내용을 다루는 책이지만, I AM이라는 다소 형이상학적인 주제로 시작합니다. 네빌 고다드의 강의를 접해보지 않은 분들을 위해 1장에 들어가기에 앞서 I AM에 대하여 약간의 사족을 달아봅니다. [역자 이상민]

I AM

"당신은 누구입니까?"라는 질문을 받게 되었다면, 일반적으로는 "나는 이상민입니다." "나는 몇 살입니다." "나는 어디어디에 삽니다."라는 식으로 대답합니다. 그런데 "이상민" "몇 살" "사는 곳"과 같은 것은 "I AM" 뒤에 붙은, 내게 주어진 조건이지 "I AM"에 초점이 맞춰진 대답이 아닙니다. 다시 말해 I AM의 인식 대상이지, 주체를 설명하는 말이 아닙니다.

오히려 올바른 대답은 "나는 I AM입니다"일 것입니다. 조금 더 길게 답해본다면,

"나는 (내가 받아들인 대상과 조건이 아닌, 존재 그 자체로서의) I AM이고, (인식의 대상이 아닌) 인식의 주체이다."라고 해야 될 것입니다.

네빌 고다드는 책에서 I AM을 "어떤 형체도 모양도, 심지어 타인과의 분리란 것도 없지만, 받아들이는 것

에 따라 어떤 형체와 모양으로도 나타낼 수 있다"고 표현했습니다.

네빌 고다드의 이런 I AM 설명을 기초로 생각해본다면 I AM THAT I AM이라는 성경의 구절은 다음과 같이 나타낼 수 있습니다.

"나는 (I AM이 받아들인 조건이 아닌) I AM이다."
"나는 (인식의 대상이 아닌) 인식하는 주체이다."
"나는 나라고 받아들이고 있는 존재이다."
이런 식의 번역을 해볼 수 있습니다.

약한 자가 '나는 강하다'라고 말하게 하라!

형체도 모양도 없는 "I AM"은 자신을 무엇이라고도 정의할 수 있습니다. 역으로 생각해보면, 우리가 지금 받아들이고 있는 나 자신에 대한 한계는 내가 그렇게 받아들였기 때문에 생겨난 한계일 뿐이라는 말도 됩니다.

그래서 우리가 해야 할 일이란, 우리가 받아들였던 한계를 거부하고, 계속 우리가 원하는 그 모습이 이미 되었다고 주장하는 것입니다. 즉, 외형에 기반하여 생각하지 말고, 소망에 기반하여 생각하는 것입니다.

세상이란 거울은 그대로 두고
당신 자신을 바꿔라

세상을 바꾸려하지 말라.
그것은 단지 거울일 뿐이니.

세상을 강제로 바꾸려는 인간의 투쟁은,
나의 모습이 마음에 들지 않는다고
거울을 깨버리는 것처럼 무익한 짓이다.

거울을 그대로 두고 그대의 모습을 바꿔라.
세상을 그대로 두고 그대 자아에 대한 관념을 바꿔라.

[믿음으로 걸어라] 중에서

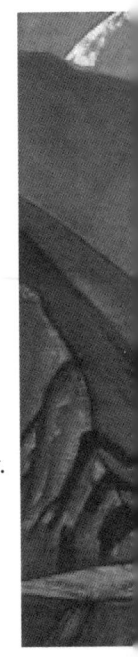

Chapter 1
I AM

모든 것의 근원, '나'

> 세상 모든 것들은, 그것들이 받아들여질 때,
> 빛에 의해 외부로 나타난다.
> 외부에 나타난 것들은 모두 빛이다.
> [에베소서 5:13]

'빛'은 의식이며, 의식은 다양한 형상과 수준으로 나타날지라도 결국 '하나'입니다.

그 하나가 아닌 것이 없습니다. 왜냐하면 의식은 무한하게 많은 상태들로 외부에 모습을 드러내지만 나누어질 수 없기 때문입니다. 의식에는 실제로 분리나 차이가 존재하지 않습니다. 이 하나의 I AM(나)이라는 의식은 나뉘질 수 없습니다. 나는(I AM) 스스로를 부자, 가난한 사람 혹은 도둑으로 여길 수도 있지만 내 존재의 중심인 I AM은 내가 가진 자아관념과 상관없이 언제나 그대로입니다. 나의 존재 중심에는 I AM(나)만이 존재하며 이것이 수많은 형태들과 자아관념을 외부 세상에 나타내고 있습니다. 나는 I AM입니다.

I AM은 절대자가 자신을 지칭하는 말이며 만물이 기반하는 토대입니다. I AM은 첫 번째 원인 재료입니다. I AM은 하느님의 스스로에 대한 인식입니다.

내가(I AM) 너에게 나를 보냈다.
[출애굽기 3:14]

나는(I AM) 나라고 받아들이고 있는 자이다.
[출애굽기 3:14]

고요하라. 그리고 내가(IAM) 하느님임을 알라.
[시편 46:10]

I AM은 영원한 인식의 느낌입니다. 인식의 참다운 중심에는 I AM에 대한 느낌이 있습니다. 내가 누구인지, 내가 어디 있는지, 내가 무엇인지를 잊어버릴 수도 있지만 내가 존재함을 잊을 수는 없습니다. 존재함에 대한 인식은 내가 누구이고, 어디 있고, 무엇인지를 잊어버리는 것과는 관계없이 여전히 남아있습니다.

I AM은 무수히 많은 형상들 속에서도 항상 동일함을 유지하고 있습니다.

I AM이 모든 것의 원인이라는 위대한 발견을 하게 되면 인간은 좋든 나쁘든 자기 운명의 결정권자가 되며 나에 대한 자아관념(나의 삶에 대한 반응들)이 내가 살고 있는 세상을 결정짓는다는 진리를 깨닫게 됩니다. 다시 말해 당신이 이런 '원인에 대한 진리'를 이해한다면 당신이 병을 앓게 될 때 당신은 병의 원인이 '나는 건강하지 않다'라고 정의된 자아관념임을 알게 되고, 그래서 근본 원인재료가 그 자아관념에 맞춰 특정하게 배열되었기 때문이라고 말하게 될 것입니다. 그래서 다음과 같은 성경말씀이 있습니다.

약한 자로 하여금 '나는 강하다'라고 말하게 하라. [요엘서 3:10]

왜냐하면 자신이 사실로 받아들인 것(전제)에 맞춰, 첫 번째 원인재료인 I AM이 재배열되고 그것이 굳어져 외부에 나타나기 때문입니다. 이 원칙은 당신의 사회적, 재정적, 지적 또는 영적인 삶의 모든 측면을 지배합니다.

나는(I AM) 삶에 어떤 일들이 발생하든 그것들의 원인을 밝혀줄 수 있는 실체입니다. 내가(I AM) 갖고 있는 자아관념이 그 존재의 형태와 환경을 결정짓습니다.

모든 것은 자신에 대한 태도에 달려있습니다. 스스로에게 사실이라고 확고히 하지 않은 것은 자신의 세상에서 깨어날 수 없습니다.

즉, "나는 강하다", "나는 안전하다", "나는 사랑받고 있다"와 같은 당신의 자아관념이 당신이 살고 있는 세상을 결정합니다. 당신이 "나는 사람이다, 나는 아버지이다, 나는 미국사람이다"라고 말할 때 당신은 다른 I AM을 규정짓는 것이 아니고 하나의 원인 재료인 하나의 I AM을 다양한 개념이나 배열로 규정짓고 있는 것입니다.

심지어 만약 나무가 말을 할 수 있다면 그 나무는 "나는 나무이다, 사과나무이다, 열매를 많이 맺는 나무이다"라고 말할 것입니다.

당신은 의식이 단 하나의 유일한 실체라는 것과, 자신이 생각하는 것에 따라 그 모습이 된다는 것을 깨닫게 되면, 마음 외부에 있는 원인들이 삶에 영향을 준다는 믿음을 버리게 됩니다. 이렇게 되면 외부 세계의 폭압이라는 두 번째 원인으로부터 벗어날 수 있습니다.

당신은 삶에서 왜 이런 일들이 일어났는지에 대한 대답을 당신의 의식 상태 안에서 발견하게 됩니다.

당신의 자아관념이 달라지면, 당신의 세상도 모두 달라질 것입니다.

당신의 자아관념이 무엇이든, 당신의 세상에 나타나는 것은 그 관념과 같아집니다.

따라서 단 하나의 I AM만이 존재하며, 당신의

본질이 그 I AM이라는 것은 아주 분명합니다. 그리고 I AM은 무한하지만 당신은, 당신의 자아관념으로 인해 그 무한한 IAM의 제한된 부분만을 드러내고 있습니다.

그대, 더 위엄 있는 저택을 만들어라.
오, 나의 영혼이여!
계절들은 빠르게 흘러가며
그대의 낮은 지붕의 옛날 집을 떠나라.
새로운 신전(神殿) 하나하나를 과거보다
더 고귀하게 하라.
더 광대한 지붕으로 만들어
그대를 하늘로부터 닫으라.
마침내 그대가 자유로워질 때까지
불안으로 파도치는 삶의 바다로부터 그대를
더 크게 키우라.

올리버 웬델 홈즈 "앵무조개"

Chapter 2
CONSCIOUSNESS
의식

당신은 의식의 변화를 통해, 즉 자신에 대한 관념을 실질적으로 변화시켜서 '더 웅장한 저택'을 건설할 수 있습니다. 그것은 더 높은 관념들을 외부세상에 구현하는 것입니다.

외부에 구현시킨다는 것은 당신의 현실 세계에서 이러한 관념들의 결과물들을 경험하게 된다는 뜻입니다.

의식은 단 하나뿐인 유일한 실체이며 삶의 현상들의 첫 번째이자 유일한 원인 재료이기 때문에 당신은 반드시 의식이 무엇인지를 분명하게 이해해야만 합니다.

의식을 통하지 않고서 인간에게 존재할 수 있는 것은 아무것도 없습니다.

그러므로 당신은 의식으로 시선을 돌려야만 합

니다. 의식만이 삶의 현상들을 설명할 수 있는 유일한 토대이기 때문입니다.

우리가 의식을 첫째 원인으로 인정한다면, 그 원인에서 펼쳐져 나간 것들도 의식과 무관할 수 없다는 것을 알 것입니다. 다시 말해 첫 번째 원인 재료가 빛이라면, 그것의 모든 산물들, 열매들, 발현된 모든 것들은 빛으로 남아있어야 합니다.

첫 번째 원인재료가 의식이라면, 그것의 산물들, 열매들 그리고 현상들은 의식으로 남아있어야 합니다.

우리가 볼 수 있는 모든 것들은 같은 재료로 만들어진, 더 높거나 낮은 형태 혹은 변형물에 불과합니다. 다시 말해서 당신의 의식이 유일한 실체라면, 그것은 분명 유일한 재료이기도 할 것입니다.

결과적으로 상황들, 조건들, 심지어 물질적 대상들로 보이는 것들 모두는 실제로 당신 의식의 산물일 뿐입니다.

그렇다면 외부 자연이 당신 마음 바깥에 있는

어떤 독립된 사물이나 복합물이라는 생각은 버려야만 합니다. 당신과 당신의 환경은 서로 분리되어 존재할 수 없습니다. 당신과 당신의 세상은 하나입니다.

그러므로 삶의 현상들의 원인을 알고 이를 통해 가장 바라는 꿈들을 진정으로 실현하고자 한다면, 사물들의 외적 모습을 버리고 내적 중심, 즉 당신의 의식으로 향해야 합니다.

당신 인생에서 일어나는 명백한 모순, 반목 그리고 대립되는 현상속에서도 단 한 가지 원리만 작동합니다. 그것은, 당신의 의식만이 활동하고 있다는 것입니다.

상호간에 차이가 나는 이유는 재료가 다르기 때문이 아니라, 원인재료인 의식은 동일하지만 각자의 배열이 다르기 때문입니다.

세상은 동기 없는 필요성으로 움직입니다. 동기 없는 필요성이란, 세상은 그 자체의 동기는 없고, 단지 당신의 관념, 즉 마음의 배열상태를 외부에 나타낼 필요에 의해서만 존재한다는 뜻입니다. 당신의 마음은 항상 당신이 사실이라고 믿고 동의하는 이미지로만 배열됩니다.

부자와 가난한 자, 거지와 도둑은 다른 마음들이 아닙니다. 같은 마음이지만 그 배열이 다를 뿐입니다. 마찬가지로 자력(磁力)을 지닌 쇳조각과 자력이 없는 쇳조각은 재료가 다르지 않습니다. 단지 그 분자들의 배열이 다를 뿐입니다.

특정한 궤도를 도는 하나의 전자가 자력의 단위를 구성하고 있습니다. 쇳조각이나 어떤 다른 물체가 자력을 갖지 않을 때에도, 전자들이 회전을 멈춘 것은 아닙니다. 그러므로 자력이 소멸된 것이 아닙니다. 단지 전자들의 배열이 달라져서 외부에 나타나거나 감지할 만한 자력을 만들어 내지 못할 뿐입니다. 전자들이 무작위로 배열되어 온갖 방향으로 뒤섞일 때, 그 쇳덩이는 자력이 없어지게 됩니다. 그러나 전자들이 순서대로 정렬되어서 다수의 전자들이 한쪽 방향으로 향하게 되면 그 물질은 자석이 됩니다. 자력(磁力)은 만들어지는 것이 아닙니다. 그것은 드러나는 것입니다.

건강, 부, 아름다움 그리고 천재성은 창조되지

않습니다. 그것들은 당신 마음의 배열상태, 즉 당신의 자아관념에 의해서 외부로 구현될 뿐입니다.

그리고 당신의 자아관념이란 당신이 사실이라 받아들이고 동의한 모든 것들을 말합니다. 당신이 어떤 것을 사실로 받아들이고 동의했는지는 삶에 대한 당신의 반응들을 있는 그대로 관찰하면 알 수 있습니다. 당신의 반응들은 당신이 마음속에서 거주하는 곳을 드러내줍니다. 그리고 당신이 마음속에서 거주하는 곳은 당신이 외부의 가시적 세계에서 어떻게 살게 될지를 결정합니다.

일상 생활에서 이것의 중요성을 기억하고 적용해야 합니다. 근본적인 원인을 이루고 있는 속성은 의식입니다. 그렇기에 모든 사물들의 궁극적 재료는 의식입니다.

Chapter 3
POWER OF ASSUMPTION
전제(前提)의 힘

사람들은 자신의 의식상태 외에 다른 원인들이 있다고 확신하지만, 그것은 인간이 하고 있는 가장 큰 망상입니다.

한 사람이 겪게 되는 것들 모두는, 즉 그 사람이 행하는 것들 모두와 그 사람에게서 비롯되어 일어나는 일들 모두는 그의 의식상태의 결과로 일어난 것입니다.

그리고 한 사람의 의식은 그가 생각하고 바라고 사랑하는 모든 것, 믿고 동의하는 모든 것으로 이루어져 있습니다. 이것이 바로 외부 세상을 바꾸기 전에 의식의 변화가 필요한 이유입니다.

대기 상층부의 기온이 변해야 그 결과로 비가 내립니다. 마찬가지로 의식의 상태가 변해야 그 결과로 환경의 변화가 일어나게 됩니다.

너희 마음을 새롭게 함으로써 변화하라.
[로마서 12:2]

변화가 이루어지려면, 생각들의 전반적 토대가 바뀌어야 합니다. 생각은 관념으로부터 나오기 때문에 먼저 새로운 관념을 갖지 않으면 생각은 바뀌지 않습니다.

모든 변화의 시작은 변화되고자 하는 강렬하고 뜨거운 열망입니다.

마음을 새롭게 하는 첫 단계는 그런 열망과 소망입니다.

자신을 변화시키기 위해서는 먼저 달라지기를 원해야 하고 의도해야 합니다.

그 후 당신에게 필요한 것은 미래의 꿈을 현재의 사실로 받아들이는 것입니다. 당신은 자신의 소원이 성취된 느낌을 가짐으로써 그 일을 할 수 있습니다. 지금 모습이 아닌 다른 모습이 되고자 갈망한다면 당신은 자연스레 당신이 되기 원하는 이상적인 사람의 모습을 떠올리게 되고, 당신이 이미 그 사람이라는 전제를 받아들일 수 있게 됩니다. 이러한 전제(前提)를 끝까지 고집해서 이것이 당신의 지배적인 느낌이 된다면 원하는 것은 필연적으로 이루어질 것입니다.

당신이 성취하고자 하는 이상(理想)은 항상 구현될 준비가 되어있지만 당신이 그것에 인간의 혈통(human parentage)을 부여하지 않으면 세상에 태어날 수 없습니다.

그러므로 당신은 보다 더 높은 상태를 나타내고자 하는 열망으로 마음을 가득 채워야만 합니다.

이렇게 당신 자신에 대한 새롭고 더 위대한 가치를 세상에 나타나게 할 유일한 사람은 당신입니다.

당신의 이상을 태어나게 하는 과정에서, 당신은 정신적 앎과 영적 앎이 별개라는 것을 항상 염두에 두어야 합니다.

대부분의 사람들은 이것을 제대로 이해하지 못하고 있습니다.

우리가 일반적으로 어떤 것을 이해한다고 할 때 우리는 외부에서 그것을 보고, 다른 것과 비교

분석하고 정의함으로써 그것을 안다고 말합니다. 이것은 그것에 대해서 생각하는 것(thinking of)입니다.

반면에 우리는 그것과 하나가 되는 방법을 통해 그것을 알 수 있습니다. 이것은 그것으로부터 생각하는 것(thinking from)입니다. 당신이 진정으로 알고자 한다면 그것 자체가 되어야만 하며 그것에 대해 그저 말하거나 보기만 해서는 안 됩니다.

당신은 나방이 그것의 우상(偶像)인 불꽃을 쫓는 것처럼 해야만 합니다. 나방은 어떤 진실한 욕망에 이끌려 신성한 불속으로 자신을 즉시 내던져 마침내 불꽃과 하나의 색깔, 하나의 물질이 됩니다.

**불꽃에 타는 것만이 불꽃을 알 수 있고,
돌아오지 못하는 자만이
그것을 전할 수 있다.
["새들의 의회", 파리드 우딘 아타르]**

당신은 불꽃을 알고 싶은 욕망으로 기꺼이 자신을 파괴하는 나방과 같이, 새로운 사람이 되기 위해서 기꺼이 현재 자아를 죽여야만 합니다.

건강이 무엇인지 알고자 한다면 먼저 '나는 건강하다'고 인식해야 합니다. 안전이 무엇인지 알고자 한다면 먼저 '나는 안전하다'고 인식해야 합니다.

그러므로 새롭고 더 큰 가치를 지닌 자아를 나타내고자 한다면 '내가 이미 원하는 존재가 되었다'고 전제해야만 하며 이렇게 새롭게 사실로 받아들인 믿음 속에서 살아가야 합니다. 아직 원하는 것이 당신 삶의 현실 속에서 구현되지 못했을지라도 원하는 존재가 이미 되었다는 전제를 완전하게 지켜감으로써, 이러한 새로운 의식의 상태가 외부에 구현될 것임을 확신해야 합니다.

이것이 완전함이며, 온전함입니다. 완전함과 온전함이란, 자아를 넘어선 이상에 자신을 내던지는 것으로, 이것이 의식을 새롭게 하여 변화를 가져오는 것입니다.

자연의 질서에서는 이렇게 자신을 넘어선 이상

에 자신의 자아를 복종시키는 일은 일어나지 않습니다.

그러므로 자연적인 과정에 의해 새롭고 더 위대한 자아관념이 외부 세상에 구현되기를 기대하는 것은 진실로 어리석은 생각입니다.

'결과를 내기 위해서는 의식의 상태가 필요하다'는 말은, 그 의식의 상태가 없다면 결과를 낼 수 없다는 뜻입니다. 당신은 더 위대한 삶을 느낄 수 있고 새로운 자아관념을 가질 수 있기에, 외부 자연이 갖고 있지 못한 것을 가지고 있는 것입니다. 그것이 상상력이며 상상력은 당신의 세상을 창조하는 도구입니다.

당신의 상상력은 도구이자 수단이며, 당신은 상상력이란 것을 통해 질병과 가난이라는 노예상태로부터 구원받을 수 있습니다.

당신이 자신에 대한 새롭고 더 높은 관념을 나타낼 책임을 맡기 거부한다면 당신은 당신을 구원해주고 당신의 이상을 성취하게 해줄 유일한 수단을 거부하는 것과 같습니다.

상상력은 우주 안에 존재하는 유일한 구원의

힘입니다.

  그러나 당신의 본성은 지금 갖고 있는 현재의 자아관념(자유와 건강과 안전에 굶주려 있는 사람)에 그대로 머무를 수도 있고, 반대로 상상력을 구원의 도구로 사용할 수도 있습니다. 즉, 당신이 이미 원하는 존재가 되었다는 상상으로 당신의 욕망을 충족시켜 스스로를 구원할 수도 있습니다.

  이것을 사용할지 안 할지는 오직 당신의 선택에 달려 있습니다.

오, 그대 강하고 용감하여라.
순수하고 참을성 있고 진실하여라.
그대가 해야 할 일을
다른 사람 손에 맡기지 말지니.
그대가 필요로 하는 모든 강인함은
충실하게 주어졌으니
그것은 그대 내부의 근원인
하늘나라에서 나오더라.

Chapter 4
DESIRE
소망

　자신에 대한 관념이 바뀌면 그 결과로 삶이 변화되지만, 깨어나지 못한 자들의 눈에는 그런 결과들이 의식의 변화로 일어난 것이 아닌 우연처럼 보이거나 외부 세계의 원인 때문에 일어난 것으로 보입니다.

　하지만 진정 당신의 삶을 지배하는 운명은 그런 외부적인 것이 아닌 당신의 자아관념, 즉 당신이 갖고 있는 전제들에 의해 결정됩니다. 당신이 사실로 받아들인 것은 비록 그것이 지금은 거짓일지라도 끝까지 고집하면 사실로 굳어지기 때문입니다.

　당신이 추구하고 성취하고자 하는 이상은 저절로 나타나지 않으며, 당신이 이미 그 이상적 모습이 되었다고 상상해야만 비로소 현실에 나타납니다.

근본적인 심리적 변화, 즉 소원이 성취된 느낌을 갖는 것 이외에 다른 길은 없습니다.

그러므로 당신이 원하는 결과와 성취를 이뤄낼 수 있는지를, 당신의 상상력 사용 능력의 잣대로 삼으십시오.

당신 자신에 대해 당신이 어떤 마음가짐을 지니고 있느냐에 따라 모든 것이 달려 있습니다.

당신이 사실이라고 단언하는 것, 이런 태도가 당신의 목표를 실현시킬 수 있는 필수조건이기 때문에 만일 그렇게 단언하지 못한다면 당신의 목표는 실현될 수 없습니다.

모든 변화는 상상에 기초하며 당신이 자신을 특정한 변화된 상태에 완전히 내려놓아 순응시킬 때 이런 상상 속 변화가 일어날 수 있습니다. 사랑하는 사람에게 자신을 내맡기듯, 당신은 당신의 이상에 자신을 내맡겨야 합니다. 왜냐하면 자신을 이상에 완전히 내맡기는 것만이 그 이상과 하나 되는 방법이기 때문입니다.

당신이 사실로 받아들인 것이 현실과 같은 감각적 생생함을 가질 때까지 당신은 소원이 성취된 느낌을 가져야 합니다. 당신은 소망하는 것을 이미 경험하고 있다고 상상해야 하고, 소원이 성취된 그 느낌에 완전히 사로잡힐 때까지 그 느낌을 계속 지녀야 합니다. 그러면 그 느낌은 그것과 모순되는 생각들을 의식 밖으로 몰아낼 것입니다.

소원이 이미 성취되었다는 전제가 자신의 꿈을 실현시키는 유일한 방법이라고 믿으면서도 그 속으로 뛰어들 준비가 되어있지 않은 사람은 전제의 법칙을 의식적으로 사용하며 살 준비가 되지 않은 것입니다. 물론 그런 사람 역시도 무의식적으로는 전제의 법칙에 의거해서 살아가고 있다는 점은 의심할 여지가 없습니다.

이 법칙을 받아들이고 의식적으로 소원이 이미 성취되었다고 전제하며 살아갈 준비가 되었다면 당신의 삶은 흥미진진하게 바뀌기 시작할 것입니다.

당신이 더 높은 수준의 존재로 도달하기를 원한다면 당신은 더 높은 자아관념을 가져야 합니다.

자신을 현재 모습이 아닌 다른 사람으로 상상하지 않는다면 당신은 현재 모습 그대로 남게 됩니다.

너희가 만일 내가 그라는 것을 믿지 못한다면, 너희는 죄 가운데서 죽으리라.
[요한복음 8장 24절]

당신이 '그(자신이 원하는 존재)라고 믿지 않으면', 당신은 현재 모습 그대로 남게 됩니다.

소원이 성취된 느낌을 충실히 체계적으로 키워 나간다면, 당신의 소원은 성취를 약속 받게 됩니다.

소원이 성취된 느낌을 가지면 미래의 꿈은 현실이 될 것입니다.

Chapter 5
THE TRUTH THAT SETS YOU FREE
진리가 자유롭게 해주리라

삶이라는 연극은 마음에 관한 드라마이며 당신이 사실로 받아들인 것들이 그 드라마 안에서 모든 환경과 상황과 사건들로 나타납니다.

당신이 사실로 받아들인 것들이 당신의 삶을 결정하기에 당신은 당신이 전제한 것들의 노예가 되거나 아니면 주인이 된다는 것을 반드시 명심해야 합니다.

당신의 믿음을 자유자재로 조절할 수 있다면 당신은 상상조차 못했던 자유와 행복을 맛볼 열쇠를 갖게 됩니다.

의도적이고 의식적으로 상상력을 통제함으로써 당신은 당신 운명의 주인이 될 수 있습니다. 당신은 다음과 같은 방식으로 당신의 전제들을 결정할 수 있습니다.

원하는 상태나 되고 싶은 사람의 이미지를 마음으로 그려보세요. 이제 이미 그 사람이 되었다는 그 느낌에 주의를 집중시키세요. 먼저 당신의 의식 속에서 그 영상을 시각화하세요. 그 후에 마치 그것이 당신 주변 세상에 형성된 것처럼 그 상태에 있다고 느끼세요. 당신의 상상력은 단지 마음속의 이미지에 불과했던 것을 확고한 현실처럼 바꿔줍니다.

위대한 비밀은 통제된 상상력과 실현시키고자 하는 대상에 대한 확고하고 반복된 주의 집중에 있습니다. 당신은 마음세상 안에서 이상을 창조하고 당신이 이미 그 이상이라고 받아들임으로써 그 이상과 자신을 동일시하여 자신을 그 이미지로 변형시키는 일을 합니다. 이상을 생각하는 것이 아니라 이상으로부터 생각하는 것입니다. 이것은 아무리 강조해도 지나치지 않습니다. 이상을 생각하면 모든 상태는 '단순한 가능성'으로 존재하게 되지만, 이상에서 생각할 때는 강렬한 현실이 됩니다.

고대 스승들은 이러한 것을 '하느님의 뜻에 복

종함' 혹은 '주(主) 안에서의 안식'이라고 불렀습니다. 그리고 '주(主) 안에서의 안식'이 잘 이뤄졌는지에 대한 증거는 안식에 머물렀던 사람들 모두가 소망이 이루어진 것으로부터 생각하면서 그 안식의 이미지대로 바뀌게 되었는지 여부입니다.

당신은 당신의 의지를 복종시킨, 바로 그 존재가 됩니다. 그렇게 복종된 의지란 당신 자신에 대한 관념이고, 당신이 동의하고 당신이 사실로 받아들인 것들 전부입니다.

소원이 성취된 느낌을 사실로 받아들이고 그 안에 계속 머물면 그 상태의 결과물을 얻게 되는 반면, 소원이 성취된 느낌을 사실로 받아들이지 못하면 당신은 그 결과물을 얻지 못할 것입니다.

상상력이 구원의 기능을 한다는 것을 이해한다면 당신은 모든 문제를 해결할 수 있는 마스터키를 얻은 것입니다.

당신 인생의 매순간은 당신의 상상력에 의해 만들어집니다. 확고부동한 상상은 당신을 성장시키고 당신의 꿈을 이루게 해주는 유일한 수단입니다. 그것은 모든 창조의 시작이자 끝입니다.

가장 중요한 비법은 상상력을 통제하고 주의력을 잘 유지해서 소원이 성취된 느낌에 의식의 초점을 반복적이고 확고하게 맞추는 것입니다. 이러한 과정을 지속시킴으로써 소원이 이루어진 느낌이 마음을 가득 채워 다른 생각들이 모두 사라질 때까지 집중하는 것입니다.

**그대를 자유롭게 해주는 진리를 듣는 것보다
더 소중한 선물이 무엇이 있으리요?**
[요한복음 8:32]

당신을 자유롭게 해주는 진리란, 현실에서 경험하고 싶은 것을 상상 속에서 경험할 수 있다는 것, 그리고 이런 상상 속 경험을 꾸준히 유지하면 당신의 소망은 현실이 된다는 것입니다.

당신을 속박하는 것은 통제되지 않은 상상력과, 성취된 느낌에 대한 집중력의 결여입니다.

상상력을 통제하지 못하고 소원이 성취된 느낌에 꾸준히 집중하지 못하면 아무리 많은 기도나 경건한 행위를 해도 당신이 바라는 결과를 낳을 수 없습니다.

  원하는 어떤 이미지도 마음대로 떠올릴 수 있고 상상속의 형상들을 외부의 사물들처럼 생생하게 느낄 수 있다면 당신은 당신 운명의 주인이 된 것입니다.

  생각과 시간과 돈을 낭비하는 것을 중단하십시오. 삶의 모든 것을 투자가 되게 하십시오.[1]

---

  1 "1953년 4월 12일 아침, 제 아내는 내부에서 권위 있는 거대한 음성을 들으며 깨어났습니다. '너는 생각, 시간, 돈을 낭비하는 것을 멈춰야 한다. 삶의 모든 것은 투자가 되어야 한다.' 낭비란 돌려 받지 않고 헛되이 사용하는 것이고, 투자란 이익을 기대하며 목적을 가지고 사용하는 것입니다. 이것은 제 아내의 계시로 시간의 중요성에 관해 말한 것입니다... 지금 이 순간.을 어떻게 사용하고 있는지가 중요합니다.. 우리가 되고자 하는 것을 느낄 때마다, 우리는 투자하고 있는 것입니다."

  'Awakened Imagination'

4차원 공간에서 나오는
아름답고 웅장한 비전들
오랜 시간 전에 잃어버린 종족의 모습들
소리들과 얼굴들과 목소리들

무한한 우주를 통해 계속해서
우리의 생각들이 번개처럼 퍼지니
어떤 사람들은 이것을 상상력이라 부르고
어떤 사람들은 이것을 하느님이라고 부른다.

"조지 W 찰리 박사 [그 새로운 이름]"

Chapter 6
ATTENTION
주의력(注意力)

두 마음을 품는 자는 모든 일에서 흔들리더라.
[야고보서 1장 8절]

주의력(注意力)은 초점이 좁아질수록 더 강력해집니다. 즉 하나의 생각, 하나의 감정에 사로잡힐 때 주의력은 더욱 강력해집니다. 단 하나만 볼 수 있게 마음을 조절한다면, 주의력은 유지되고 강력하게 집중될 수 있습니다. 왜냐하면 주의력을 특정한 것에 한정시켜 놓을 때 당신은 주의를 안정적으로 만들어서 그 힘을 증강시킬 수 있기 때문입니다.

생각의 힘은 어떤 하나의 대상에 얼마나 집중되었는지에 비례하여 부여되기 때문에, 소망을 실현시키기 위해서는 그 소망 하나에만 주의를 집중해야 합니다. 집중된 관찰은 특정한 목적을 향해 관심을 집중하는 것을 의미합니다.

당신이 무언가에 주의를 기울인다는 것은 당신이 다른 것이 아닌 그 하나의 물체나 상태에 당신의 주의력의 초점을 맞추기로 결정했다는 것을 의미하기에 집중된 태도는 선택이란 것을 항상 포함합니다. 그러므로 당신이 원하는 것을 분명하게 안다면, 당신은 의도적으로 소원이 성취된 느낌에 주의를 집중해야 하며 그 느낌으로 마음을 가득 채워서 다른 생각들을 모두 의식 밖으로 몰아내야 합니다.

주의력은 당신 내부 힘의 척도입니다.

하나를 집중해서 주목하면 다른 것들은 차단되고 사라집니다.

성공의 가장 큰 비밀은 어떤 산만함도 허락하지 않으면서 소원이 성취된 느낌에 주의를 집중시키는 것입니다. 집중의 힘을 키워야 모든 발전이 가능합니다. 당신을 행동하게끔 이끄는 생각들은 당신의 의식을 지배하고 주의를 사로잡은 생각들입니다. 다른 생각들을 몰아낸 집중된 생각이 행동을 하게 만듭니다.

내가 하는 일 하나는
오직 뒤에 있는 것을 잊어버리고
앞에 있는 것을 잡으려고
푯대를 향하여 가는 것뿐이다.
[빌립보서 3:13,14]

위의 성경구절은 당신이 할 수 있는 오직 한 가지 일을 하고, 나머지 것들은 잊어버리라는 뜻입니다.

'푯대를 향하여 달려간다'고 하는 것은 소원이 성취된 느낌으로 당신의 마음을 채우는 것을 말합니다.

깨어 있지 못한 사람들은 이 말을 완전히 허황된 이야기처럼 여기겠지만 우리는 모든 발전이 기존 견해들을 받아들이지 않으며 세상을 있는 그대로 받아들이지 않는 사람들에게서 시작되었다는 것을 기억해야만 합니다.

지금까지 언급했던 것과 같이, 당신이 원하는 것을 상상할 수 있다면, 그리고 생각의 형상들이 외부 세계의 형상들처럼 생생하다면 당신은 상상의 힘을 통해 당신 운명의 주인이 된 것입니다.

당신의 상상력이 진정한 당신 자신이며, 상상으로 본 세상이 당신의 진짜 세상입니다.

당신이 주의를 기울였던 사건들의 경로를 성공적으로 바꾸려면 반드시 주의력의 움직임을 통제해야만 합니다. 당신이 주의력을 통제하려고 시작한 날, 당신은 그동안 얼마나 상상을 통제하지 못한 채 수많은 감각적 인상들과 쓸모없는 감정 물결의 흐름에 지배되었는지를 깨닫게 됩니다.

주의력을 완전히 통제하고자 한다면 다음을 연습해보세요.

밤마다 당신이 잠들기 전에 그날에 일어났던 일들을 역순으로 기억해보는 것입니다. 당신이 가장 나중에 한 일, 즉 잠자리에 드는 것부터 시작합니다. 그리고 시간의 역순으로 사건들을 거슬러 올라가 보세요. 그러다 보면 마침내 그날의 첫 번째 사건, 즉 잠자리에서 일어난 것에 이를 것입니다.

이것은 결코 쉬운 훈련이 아닙니다. 그러나 특정한 운동을 하면 특정한 근육을 발달시키는데 도움이 되듯이, 이렇게 하면 당신의 집중력이란 근육을 발달시키는데 큰 도움이 될 것입니다.

당신 자신에 대한 관념을 성공적으로 바꾸고 그로 인해 당신의 미래까지 바꾸기 위해서는 당신의 집중력을 발전시키고 통제해서 원하는 것에 의식의 초점을 맞출 수 있어야 합니다.

상상력은 무엇이든 할 수 있지만 그것은 당신이 주의력을 내부로 향할 수 있을 때에만 가능합니다. 당신이 매일 밤 이것을 꾸준히 계속한다면, 조만간 당신은 당신 내부에 존재하는 힘의 중심을 일깨울 것이며 당신의 더 큰 자아인, 진정한 당신을 인식하게 될 것입니다.

주의력은 반복적인 연습이나 습관에 의해 발전시킬 수 있습니다.

어떤 행위라도 습관을 들이면 보다 쉬워지며, 그 시간이 쌓이면 하나의 재능이나 능력이 생겨나고, 이것은 더 높은 목적에 쓰일 수 있게 됩니다.

당신이 내부에서 의식의 움직임을 통제하게 되면 당신은 더 이상 생명의 얕은 표면에 머물지 않고 더 깊은 곳으로 들어가게 됩니다.

　당신은 소원이 이미 성취되었다는 그 전제를 지금 당신이 밟고 있는 땅보다 더 단단한 토대로 여기며 나아갈 것입니다.

Chapter 7
ATTITUDE
태도

 멜 로렌스와 애드버트 아메스가 뉴햄프셔 하노버에 있는 심리학 실험실에서 진행한 공동 연구에서 '당신이 무언가를 볼 때 보게 되는 것은 실제 그곳에 있는 것이라기보다, 당신이 이미 만든 전제에 의존하여 보이게 된 것이다'는 사실을 입증했습니다. 우리가 '물리적 세계'라고 여기는 것도 실제로는 '추정하는 세계'에 불과하기 때문에 이 실험을 통해 단단한 현실로 보이는 것이 실제로는 기대나 추정의 결과라고 밝혀진 것은 별로 놀라운 일이 아닙니다.

 당신이 사실로 받아들인 것들은 당신이 보는 것뿐만 아니라 당신이 하는 것까지도 결정합니다. 왜냐하면 그 전제들은 당신의 모든 의식적, 잠재의식적 움직임들을 지배해서 당신이 전제한 사실이 실현되는 방향으로 가게 하기 때문입니다. 100년 전에 에머슨은 이러한 진실을 다음과 같이 서술했습니다.

> 하느님의 손에서
> 이 세상은 유연하고 유동적이었듯이,
> 그분의 속성을 받은 우리에게도 그러할 것이다.
> 무지와 죄에 대해서는 냉혹한 결과가 찾아온다.
> 사람들은 할 수 있는 만큼 그것에 자신을 적응시킨다.
> 사람이 자신 안에 어떠한 신성한 것을 갖고 있는
> 만큼 그 사람 앞에 창공이 흘러가서
> 그의 인장과 형상을 취한다.

'당신의 전제(assumption)'는 창공이라는 재료를 반죽해서 당신이 사실로 받아들인 모습대로 창조하는, 하느님의 손입니다. 소원이 이미 성취되었다는 전제는 당신을 높이 들어 올려 오랫동안 당신을 가두었던 감각의 감옥으로부터 해방합니다. 그것은 말 그대로 예언한 곳까지 당신의 마음을 끌어올립니다. 만약 당신이 상상력을 통제하고 집중된 주의력을 지니고 있다면 당신이 사실로 받아들인 것들은 반드시 현실로 일어날 것입니다.

윌리엄 블레이크는 이렇게 적었습니다.

**그렇게 보이는 것은 그것을
그렇다고 여기는 사람들에게는 그러하다.
그는 단지 영원한 진리를 반복하고 있을 뿐이다.
[윌리엄 블레이크]**

**무엇이든 본래 속된 것이 없으되
다만 속되게 여기는 그 사람에게는
그것이 속되더라. [로마서 14장 14절]**

본래 속되거나 본래 깨끗한 것이 없기에 당신은 최상의 것만을 전제하고, 사랑받을 만하며 칭찬받을 만한 것만을 생각해야 합니다.

당신이 인간의 위대함을 냉소적으로 바라보며 하찮게 여기거나, 어떤 환경이나 상황을 불리한 쪽으로 판단한다면, 그것은 뛰어난 통찰력이 아니라 전제의 법칙을 모르기 때문에 생겨난 태도일 뿐입니다.

다른 사람과의 특정 관계는 그 사람에 대한 당신의 전제에 영향을 미치며 그래서 당신이 보고자 하는 것을 그 사람에게서 보게 만듭니다. 당신이 다른 사람에 대한 당신의 견해를 바꿀 수 있다는 이야기는, 당신이 그 사람에 대해 갖고 있는 현재의 믿음이 절대적인 진실이 아니라 상대적인 진실에 불과하다는 것을 의미합니다.

다음은 전제의 법칙이 어떻게 작동되는지에 대한 실제 사례입니다.

한 의상 디자이너가 어느 날 저에게 유명한 연극 제작자와 일하면서 겪고 있는 어려움에 대해 이야기했습니다. 그녀는 그 제작자가 자신이 만든 최고의 작품을 부당하게 비판하고 거부했으며 종종 그녀에게 의도적으로 무례하고 불공평하게 대한다고 확신했습니다.

그녀의 이야기를 듣자마자, 저는 다음과 같이 설명했습니다. 그녀가 그 사람의 행동이 무례하고 부당하다고 느낀다면, 부족한 것은 바로 그녀 자신이며, 태도를 새롭게 바꾸어야 할 사람은 제작자가 아니라 그녀 자신이라는 것을 분명히 했습니다.

저는 그녀에게 전제의 법칙이 가진 힘과 그것을 적용하는 것은 오직 경험을 통해서만 알 수 있다고 말했으며, 그녀가 원하는 대로 상황이 이미 그렇게 되었다고 전제해야만 원하는 변화를 가져올 수 있다고 했습니다.

고용주의 행동은 단지 그녀가 그를 어떻게 생각하는지를 드러내는 것뿐이었습니다.

저는 그녀가 마음속에서 비판과 비난으로 가득 찬 고용주와의 대화를 나누고 있을 가능성이 높다고 말했습니다.

그녀가 마음속으로 그 제작자와 다투고 있었음은 의심할 여지가 없었습니다. 왜냐하면 타인의 행동들은 우리가 비밀리에 속삭이는 것들을 되돌려줄 뿐이기 때문입니다.

저는 그녀에게 마음속으로 그와 대화를 나눴는지 그리고 대화를 했다면 어떠한 대화를 나눴는지를 물었습니다.

그녀는 매일 아침 극장으로 출근하는 길에 그의 면전에서는 직접 하지 못할 말들을 마음속으로 했다고 털어 놓았습니다. 그녀가 마음속으로 말다툼한 강도와 빈도에 맞춰 자동적으로 그녀에 대한 고용주의 행동도 확고해졌던 것입니다. 그녀는 사람들 모두가 마음속으로 대화를 계속한다는 것을 깨닫기 시작했습니다.

안타깝게도 이런 내면의 대화 대부분은 언쟁과 다툼인 경우가 많습니다. 거리의 행인들을 관찰해본다면 너무나 많은 사람들이 마음속에서 이런 대화에 몰두해 있는 것을 볼 수 있습니다. 이런 대화를 나누고 있는 사람들 중에서 행복한 사람은 거의 없으며, 감정의 강도가 높을수록 마음속에서 창조한 불쾌한 사건으로 빠르게 이끌려 위와 같은 사건을 겪게 됩니다.

그녀는 자신이 무엇을 하고 있었는지 깨달았을 때, 자신의 태도를 바꿔서 자신의 직업이 매우 만족스럽고 제작자와의 관계가 행복해졌다는 것을 전제해서, 이 법칙에 충실하게 살겠다고 동의했습니다. 이것을 실천하기 위해서 그녀는 잠자기 전과 출근하는 시간, 그리고 낮에도 시간을 내어 고용주가 그녀에게 멋진 디자인을 축하해주고 그녀도 칭찬과 친절에 대해 감사하는 상상을 하겠다고 했습니다.

다행히도 그녀는 곧 자신의 태도가 자신에게 일어나는 모든 일들의 원인이라는 것을 깨닫게 되었습니다.

고용주의 행동이 기적적으로 바뀌었습니다. 언제나 그녀가 전제했던 것만을 메아리쳐주고 있던 그의 태도는 이제 그녀의 바뀐 생각을 반영해주게 되었습니다.

그녀가 한 것은 상상의 힘을 이용한 것이었습니다. 그녀의 끈질긴 상상이 그의 행동에 영향을 주었고 그녀를 향한 그의 태도를 결정지었습니다. 통제된 상상력이라는 날개와 소망이라는 여권을 가지고, 그녀는 미리 정한 미래를 경험하는 여행을 했습니다.

그렇듯 우리는 사실을 있는 그대로 봐서는 안 되고 상상 속에서 우리가 창조한 것을 보고 그것이 우리의 삶을 만들도록 해야 합니다. 하루 동안 겪는 갈등의 대부분 원인은 자신의 눈에서 먼저 들보를 빼내는 잠깐의 상상을 하지 않았기 때문입니다.

있는 그대로만 보는 사람들은 실상은 거짓의 세계 속에 살고 있는 것입니다.

이 디자이너가 자신의 상상을 통제하여 고용주의 마음에 미묘한 변화를 일으켰듯이, 우리도 상상력을 통제하고 느낌을 지혜롭게 유도해서 우리의 문제들을 해결할 수 있습니다.

상상과 느낌을 강렬하게 만드는 것을 통해 이 디자이너는 제작자의 마음에 일종의 마법을 걸었습니다. 그 결과, 제작자는 칭찬을 하면서도 그 행동이 스스로 마음을 내었다고 믿었습니다.

그렇듯 우리가 고심하여 만든 독창적인 생각들도 종종 다른 사람에 의해 만들어지곤 합니다.

남자들의 마음에 미묘한 변화를 일으킨 원인이
포도주 틀을 밟은 어떤 여인 때문일 수 있으며
세계적인 격동을 유발시킨 원인이
어떤 목동이 양떼를 몰기 전에
잠깐동안 의기양양하며
마음속으로 상상한 것 때문일 수 있다.
<윌리엄 버틀러 예이츠>

Chapter 8
RENUNCIATION
대적하지 말라

약간만 돌려놓으면 빛과 화염을 발하지 않을 만큼 죽어 있는 석탄은 없다.

악한 자를 대적하지 말라
누구든지 네 오른편 뺨을 치거든 왼편도 돌려 대라. [마태복음 5:39]

악에 저항하는 것과 악에 대적하지 않는 것 사이에는 큰 차이가 있습니다. 악에 저항할 때 당신은 악에 주의를 기울이게 되어 그것을 계속 현실로 만들게 됩니다. 악에 대적하지 않게 된다면 악으로부터 주의를 빼앗기지 않아 당신이 원하는 것에 주의를 둘 수 있습니다. 이제 당신의 상상력을 통제해야 할 시간입니다.

재를 대신하여 아름다움을,
슬픔을 대신하여 기쁨을,
근심을 칭찬으로 대신하고
그들이 의로움의 나무, 곧 주(主)께서 심으신
그 영광을 나타낼
그 사람이라 하시리로다.
[이사야서 61:3]

있는 그대로의 모습보다, 당신이 원하는 바대로 되었음에 주의를 집중한다면 당신은 '재를 대신해서 아름다움'을 주게 됩니다. 불리한 상황에 상관없이 즐거운 태도를 유지한다면 '슬픔을 대신해서 기쁨'을 주는 것입니다. 낙담하지 않고 확신에 찬 태도를 유지할 때 당신은 '근심을 칭찬으로' 대신하는 것입니다.

위의 인용문에서 성경은 '나무'라는 단어를 사람과 동의어로 사용했습니다. 위에서 언급한 마음의 상태가 당신 의식의 영원한 일부가 될 때 당신은 '의로움의 나무'가 됩니다.

당신의 모든 생각이 진실하다면 '주(主)께서 심은 나무'가 되는 것입니다. 주는 1단원에서 언급된 I AM입니다. 당신의 최고의 자아관념이 외부에 구현될 때 I AM은 그 영광을 얻습니다.

통제된 상상력이 당신의 구세주임을 깨달았을 때 당신이 갖고 있던 신앙심은 그대로이면서도 당신의 태도는 완전히 달라지게 될 것입니다. 그래서 당신은 통제된 상상력에 대해서 다음과 같이 말하게 될 것입니다.

여기 포도나무를 보라.
나는 이것이 야생나무임을 알았고
방종한 힘이 가득해서
불규칙한 가지로 부풀어 있었다.
그러나 나는 그 나무를 가지치기했고 그리고
쓸모없는 나뭇잎들을 잘라내어 차분해졌다.
이제 그 나무는 그대가 보다시피 매듭을 지어
깨끗하고 풍부한 다발을 만들어서,
현명하게 잘라준 그 손에 보답을 하고 있다.
[로버트 서디 "탈라바 더 디스트로이어"]

여기서 포도나무는, 통제하지 않는다면 쓸모없거나 파괴적인 생각과 감정에 에너지를 소비하게 되는 당신의 상상력을 의미합니다. 당신이 포도나무의 쓸모없는 가지를 가지치기해야 하는 것처럼 모든 사랑스럽지 못하고 파괴적인 생각에서 주의를 돌리고 당신이 얻고자 하는 이상에 집중함으로써 당신의 상상을 가지치기할 수 있습니다.

자신의 상상을 현명하게 가지치기하면 더욱 더 행복하고 고상한 삶을 경험하게 될 것입니다. 그렇습니다. 모든 사랑스럽지 못한 생각과 감정을 가지치기하세요.

그대가 진실하게 생각한다면 그대 생각이 세상의 굶주린 자들을 먹일 것이다.
진실하게 말하라 그러면 그대의 말은 열매를 맺는 씨앗이 될 것이다.
진실하게 삶을 살라 그러면 그대의 삶은 위대하고 고상한 교리(敎理)가 될 것이다.
[호라티오 본나르 "믿음과 희망에 부치는 시"]

Chapter 9
PREPARING YOUR PLACE
그대의 거처를 예비하라

> 내 모든 것은 다 아버지의 것이요,
> 아버지의 것은 내 것이다. [요한복음 17:10]

> 네 낫을 휘둘러라 그리고 수확하라.
> 땅의 곡식이 다 익어 거둘 때가 이르렀음이니
> [요한계시록 14:16]

모든 것은 당신 것입니다. 당신의 것을 다른 곳에 가서 구하지 마십시오. 그저 당신이 원한다면 그것을 마음속에서 차지하여서 그것을 주장하고, 이미 그렇다고 받아들이십시오.

모든 것은 당신의 자아관념에 달려있습니다. 당신은 자신에 대해 사실이라고 주장하지 않는 것을 외부에서 실현시킬 수 없습니다.

그 약속은 다음과 같습니다.

**무릇, 있는 자는 더 받아서 풍족하게 될 것이다.
그러나 없는 자는 그 가진 것마저도 빼앗기리라.
[마태 25:29, 누가 8:18]**

무엇이든지 사랑스럽고 무엇이든지 칭찬할 만한 것들 모두를 상상 속에서 확고하게 붙드십시오. 당신이 가치 있는 삶을 살고자 한다면 당신의 삶에서 사랑스럽고 좋은 것들은 필수적입니다.

그것들을 사실인 것처럼 전제하세요.

그렇게 하기 위해서 당신은 이미 원하는 사람이 되었다고 상상하고, 갖고 싶은 것을 이미 가졌다고 상상해야 합니다.

**사람은 자신의 마음에서 생각하는
그 모습이 된다 [잠언 23:7]**

마음을 고요히 하고 당신이 바라던 존재가 이

미 되었음을 아십시오. 그러면 당신은 그것을 구하려고도 하지 않을 것입니다.

당신은 겉으로 보기에 행동의 자유가 있는 것처럼 보이지만 당신이 겪고 있는 일들은 다른 것들과 마찬가지로 그저 전제의 법칙을 따르고 있을 뿐입니다.

"인간에게 자유의지가 있는가?"라는 질문에 대해 당신이 어떻게 생각하는지 모르겠지만, 진실을 말해보자면 삶속에서 당신이 경험하는 것은 의식적이든 무의식적이든 당신이 전제한 것에 의해 결정되고 있을 뿐입니다.

당신이 사실로 받아들인 전제는 여러 가지 사건들의 다리를 만들어서 그렇게 사실로 인식한 것을 필연적으로 성취하게 합니다.

사람들은 보통 과거가 자연적으로 발전해서 미래가 된다고 믿습니다. 그러나 전제의 법칙은 이것이 사실이 아니라는 것을 분명하게 보여줍니다.

당신은 당신이 사실로 받아들인 것을 통해 육체가 아닌 마음으로 먼저 그곳에 가보게 됩니다.

그런 후에 당신의 감각은 당신을 다시 마음 세상에서 육체가 있는 곳으로 되돌아오게 합니다. 시간이 지나서 당신은 마음으로 먼저 가본 곳을 향해 조만간 육신을 지니고 나아가게 됩니다.

예지(豫知, Precognition)는 세상의 모든 경전들에 두루 적혀 있습니다.

> 내 아버지 집에 거할 곳이 많다
> 그렇지 않으면 너희에게 일렀으리라
> 내가 너희를 위하여 거처를 예비하러 가니
> 가서 너희를 위하여 거처를 예비하면
> 내가 다시 와서 너희를 내게로 영접하여
> 나 있는 곳에 너희도 있게 하리라
> 이제 내가 일이 일어나기 전에 너희에게 말한 것은
> 일이 일어날 때에 너희로 믿게 하려 함이라.
> [요한복음 14: 2,3]

여기 인용문에서 '나'는 당신의 상상력이며 상상이 먼저 미래로, 즉 여러 거처 중에 하나로 간다고 말하고 있습니다.

미 되었음을 아십시오. 그러면 당신은 그것을 구하려고도 하지 않을 것입니다.

당신은 겉으로 보기에 행동의 자유가 있는 것처럼 보이지만 당신이 겪고 있는 일들은 다른 것들과 마찬가지로 그저 전제의 법칙을 따르고 있을 뿐입니다.

"인간에게 자유의지가 있는가?"라는 질문에 대해 당신이 어떻게 생각하는지 모르겠지만, 진실을 말해보자면 삶속에서 당신이 경험하는 것은 의식적이든 무의식적이든 당신이 전제한 것에 의해 결정되고 있을 뿐입니다.

당신이 사실로 받아들인 전제는 여러 가지 사건들의 다리를 만들어서 그렇게 사실로 인식한 것을 필연적으로 성취하게 합니다.

사람들은 보통 과거가 자연적으로 발전해서 미래가 된다고 믿습니다. 그러나 전제의 법칙은 이것이 사실이 아니라는 것을 분명하게 보여줍니다.

당신은 당신이 사실로 받아들인 것을 통해 육체가 아닌 마음으로 먼저 그곳에 가보게 됩니다.

그런 후에 당신의 감각은 당신을 다시 마음 세상에서 육체가 있는 곳으로 되돌아오게 합니다. 시간이 지나서 당신은 마음으로 먼저 가본 곳을 향해 조만간 육신을 지니고 나아가게 됩니다.

예지(豫知, Precognition)는 세상의 모든 경전들에 두루 적혀 있습니다.

> 내 아버지 집에 거할 곳이 많다
> 그렇지 않으면 너희에게 일렀으리라
> 내가 너희를 위하여 거처를 예비하러 가니
> 가서 너희를 위하여 거처를 예비하면
> 내가 다시 와서 너희를 내게로 영접하여
> 나 있는 곳에 너희도 있게 하리라
> 이제 내가 일이 일어나기 전에 너희에게 말한 것은
> 일이 일어날 때에 너희로 믿게 하려 함이라.
> [요한복음 14: 2,3]

여기 인용문에서 '나'는 당신의 상상력이며 상상이 먼저 미래로, 즉 여러 거처 중에 하나로 간다고 말하고 있습니다.

합니다.

이것이 창조가 의미하는 바입니다.

그리고 '창조가 끝났다'라는 말은 창조되어질 것은 아무것도 없으며, 그것은 단지 담겨 있던 것이 외부에 현현되어 나타날 뿐이라는 뜻입니다.

창조란 이미 존재하는 것을 단지 인식하는 것입니다. 당신은 이미 존재하는 것의 더 많은 부분을 점점 인식하게 됩니다.

당신은 이미 당신이라고 여기지 않은 존재는 될 수 없으며, 이미 존재한다고 여기지 않는 것을 경험할 수는 없습니다. 그렇기에 어떤 말을 듣기도 전에 이전에 이미 들은 것 같고, 처음 만나는 사람인데 이전에 만났던 경험이 있는 것 같고, 처음 본 장소나 사물이지만 전에 본적이 있는 듯한 신비한 느낌을 경험하게 됩니다.

모든 창조는 당신 내부에 존재합니다. 그래서 무한한 경이로움을 점점 인식하게 되고 그것을 더 크고 장엄하게 경험하는 것이 당신의 운명입니다.

만약 창조가 끝났고 모든 사건들이 지금 발생

하고 있다면, 다음과 같은 질문이 자연적으로 마음에 떠오를 것입니다.

"무엇이 시간의 경로를 결정하나?"

즉, 무엇이 당신이 마주하게 되는 사건들을 결정할까요? 그 답은 바로 당신의 자아관념으로, 그 관념은 우리의 의식이 따라가는 경로를 결정합니다.

여기 이 사실을 증명할 만한 좋은 시험방법이 있습니다.

먼저 소망이 성취된 느낌을 가져보세요. 그리고 당신의 의식이 전개되는 경로를 관찰해보세요. 당신이 하나의 전제를 충실하게 받아들인다면, 당신의 의식 앞에는 그 전제와 관련된 이미지들이 펼쳐질 것입니다.

예를 들어 당신이 이미 멋지게 사업을 하고 있다는 것을 사실로 받아들여보세요. 그러면 상상 속에서 당신의 주의가 그 전제와 관련된 여러 사건들을 어떤 방식으로 초점을 맞추는지 보게 될 것입니다. 친구들이 당신을 축하해주며 당신이 얼마나 운이 좋은지를 말해줍니다. 또 어떤 이들은 당신을 부러워하기도 하고 비난하기도 합니다. 더 나아가 당신은 더 큰 사무실, 더 큰 은행 잔고, 그리고 이와 유사한 다른 사건들로 주의를 옮겨갑니다.

이러한 전제를 지속시킨다면 당신이 전제한 것을 실제로 현실에서 경험하게 됩니다.

어떠한 관념이든 똑같이 적용할 수 있습니다.

당신의 자아관념이 자신을 실패자로 여긴다면 당신은 상상 속에서 그 관념에 부합하는 일련의 사건들을 마주하게 될 것입니다.

그러므로 당신이 지금 경험하는 창조의 특정부분은 자아관념에 의해 당신이 스스로 결정한 것이며 당신이 앞으로 겪게 될 창조의 특정 부분도 자아관념에 의해 당신이 스스로 결정한다는 것을 분명하게 알게 될 것입니다.

Chapter 11
INTERFERENCE
개입

당신은 자신에 대해 어떤 관념을 받아들일지를 자유롭게 선택할 수 있습니다. 따라서 당신은 개입의 힘, 즉 당신의 미래 과정을 바꿀 수 있는 힘을 가지고 있는 것입니다.

현재의 자아관념에서 더 높은 자아관념으로 상승시키는 것이 진정한 발전을 성취하는 길입니다. 더 높은 자아관념은 당신이 그것을 경험의 세상으로 구현시켜주기를 기다리고 있습니다.

**우리 가운데 역사하시는 그 능력에 따라,
우리가 요구하거나 생각하는 온갖 것보다
더 넘치도록 능히 하실 그분에게 영광이.
[에베소서 3장 20절]**

당신이 요구하거나 생각하는 것 이상으로 '능히 하실 그분'은 바로 당신의 상상력입니다. 그리고 우리 안에서 일을 하고 있는 그 힘은 당신의 주의력입니다.

당신이 요구하는 모든 것을 능히 이뤄줄 그분이 상상력이며 당신의 세상을 창조하는 그 힘이 주의력이라는 것을 이해한다면 당신은 이상적인 세상을 지금 만들 수 있습니다.

당신이 꿈꾸고 소망하는 이상과 하나가 된다고 상상하고, 그 상태에 주의를 유지하세요.

당신이 이러한 이상적 존재가 되었다고 완벽하게 느끼는 순간, 그것은 당신의 세상에서 현실로 구현될 것입니다.

그분이 세상에 계셨으며, 세상은 그분으로 말미암아 지은 바 되었으나, 세상이 그분을 알지 못하였고
[요한복음 1장 10절]

이 비밀은 만세로부터 감춰진 것인데,
이것은 너희 안에 계신 그리스도이니
곧 영광의 소망이라.
[골로새서 1장 26절, 27절]

첫 번째 인용문의 '그분'은 당신의 상상력입니다. 앞서 언급했듯이 오직 하나의 재료만이 있고 그것은 의식입니다. 당신의 상상력은 의식이라는 재료로 관념들을 만들고, 그 관념들은 조건, 상황, 그리고 물리적 대상물이라는 형태로 외부에 구현됩니다. 따라서 상상력이 당신의 세상을 만듭니다.

이러한 최고의 진리는 극소수를 제외하고는 알지 못합니다.

두 번째 인용문에서 언급된 '비밀'이란 당신 안의 그리스도는 상상력이며, 그 상상력에 의해 당신의 세상이 만들어진다는 것을 말합니다.

'영광의 소망'이란 끊임없이 더 높은 단계로 올라갈 수 있는 능력이 있음을 인식하는 것을 말합니다.

그리스도는 역사서나 외부적인 형태로 찾을 수 없습니다. 당신은 상상력이 유일한 구원의 힘이라는 사실을 인식할 때 비로소 그리스도를 찾은 것입니다.

그때 "독단적 믿음으로 이루어진 방어벽들은 진실의 나팔소리를 듣게 될 것이며, 여리고의 성벽들처럼 산산조각으로 부서질 것"입니다.

Chapter 12
SUBJECTIVE CONTROL
내면의 통제

상상력은 주의력의 강도에 비례하여 당신이 요구하는 모든 것을 이룰 수 있습니다.

당신이 주의력을 얼마나 잘 통제하고 집중하는지에 따라 모든 발전과 모든 욕망의 성취여부가 달려있습니다.

주의력을 외부로 빼앗기든지 내부에서 통제하든지 둘 중 하나입니다. 현재 외부 인상(印象)들에 당신의 정신이 팔려 있다면 당신은 주의를 외부에 빼앗겨 버린 것입니다. 지금 읽고 있는 이 페이지의 글들이 당신의 주의를 외부로 향하게 하고 있습니다.

당신이 정신적으로 몰두할 어떤 것을 의도적으로 선택한다면 당신의 주의는 내부에서 통제됩니다.

당신이 외부 세상에 살고 있기 때문에, 당신의 주의는 분명 외부 인상(印象)들에 끌리고 끊임없이 그쪽으로 향하게 됩니다. 내부 상태에 대한 통제는 거의 없습니다. 왜냐하면 이런 상태에서 주의(注意)는 늘 당신 세상의 하인일 뿐 주인이 아니며, 승객일 뿐 운전자가 아니기 때문입니다.

주의가 외부로 향해진 것과 내부로 향해진 것 사이에는 엄청난 차이가 있습니다. 그리고 당신의 미래를 바꾸는 능력은 후자에 달려 있습니다.

당신이 내부 세계에서 당신의 주의의 움직임을 통제할 수 있다면 원하는 대로 당신의 삶을 수정하거나 바꿀 수 있습니다. 그러나 당신의 관심이 끊임없이 외부에 끌린다면, 이런 통제는 불가능합니다.

매일 당신의 주의력을 외부 세계에서 의도적으로 철수하고 내부 세계에 집중하세요. 다시 말해서, 당신이 의도적으로 결정한 생각들과 감정들에 집중하세요. 그러면 당신을 지금 옭아매고 있는 제약들은 희미해지고 사라질 것입니다.

내부 세계에서 주의의 움직임을 통제하는데 성

공하는 날, 당신은 당신 운명의 주인이 됩니다. 그때 당신은 더 이상 외부 조건들이나 환경의 지배를 받아들이지 않을 것이며, 외부 세상을 기반으로 삶을 받아들이지 않을 것입니다.

당신은 주의력을 통제하고 오랜 세월 감춰진 신비, 즉 당신에게 내재된 그리스도는 당신의 상상력이라는 것을 발견했기에 상상력을 가장 높은 원래의 자리에 돌려놓을 것이며 다른 것들 모두를 그 권능 아래에 둘 것입니다.

Chapter 13
ACCEPTANCE

수용

> 인간의 인식은
> 감각기관들에 의해 한정되지 않는다.
> 인간은 아무리 예민하게 잘 발전된 감각이
> 발견하는 것 이상을 인지한다.
> [윌리엄 블레이크]

 당신은 물질 세상 속에 사는 것처럼 보이지만, 실제로는 상상의 세계 속에 살고 있습니다.

 삶에서 벌어지는 외부의 물리적 사건들은, 꽃 피운 시절을 기억하지 못하는 열매와 같습니다. 다시 말해 지금 당신의 세상에 모습을 나타낸 것들은 과거에 의식 속에 심어 놨던 때를 잊고 있는 의식상태의 결과물입니다. 그것들은 상상에 기원을 둔 결과물로, 우리 인간들은 그 기원을 종종 잊곤 합니다.

어떤 감정적 상태에 완전히 빠져들면, 그 순간에 당신은 그 상태를 충족시키는 느낌을 갖게 됩니다. 그 느낌 안에 끝까지 머무르면 강렬하게 느꼈던 것이 무엇이든 간에, 당신의 세상에서도 그것을 경험하게 됩니다.

이러한 몰입과 집중의 시간들이 후일 당신이 수확하는 것들의 씨앗이 됩니다. 바로 이런 순간들 속에서 당신은 창조적인 힘, 유일한 창조적인 힘을 행사하고 있는 것입니다.

이러한 시간, 즉 몰입의 순간이 끝나면 당신은 육체가 없는 상상의 상태에서, 육체가 있는 조금 전의 현실세계로 빠르게 돌아옵니다. 이러한 순간들은, 우리가 그것을 상상한 상태가 너무나 생생했기에 객관세계로 돌아왔을 때 우리는 상상의 상태와 다른 현실세계에 깜짝 놀라게 됩니다.

당신은 상상 속에서 무엇인가를 너무나 생생하게 보았기에 지금 감각들이 보여주는 증거가 믿을 만한 것인지 의심하게 됩니다.

그래서 시인 키이츠처럼 묻습니다.

그것은 생생한 환영이었나,
혹은 깨어있는 꿈이었나?
그 음악은 갑자기 사라져버리네...
내가 깨어 있는 건가 혹은 꿈을 꾸고 있는 건가?

이러한 충격은 당신의 시간 감각을 역전시켜 놓습니다. 시간 감각의 역전이란 과거에서 비롯되는 경험이 아니라 물리적으로는 존재하지 않는 상상에서 비롯된 경험을 말합니다. 실로 이 경험은 당신을 이동시켜, 수많은 사건의 다리를 건너가게 하고 당신이 상상한 상태를 물리적으로 실현시켜줍니다.

본인이 원하는 의식 상태를 마음대로 가질 수 있는 사람은 천국의 열쇠를 찾은 것과 같습니다. 욕망하는 것을 상상하고 그렇게 소망이 성취된 느낌에 꾸준히 집중하는 주의력이 바로 그 열쇠입니다. 그런 사람들은 바람직하지 않은 어떤 객관적 사실을 더 이상 현실로 받아들이지 않으며, 자신이 원하는 열렬한 소망을 더 이상 꿈으로 바라보지 않습니다.

만군의 주께서 말씀하시되, 그것으로 나를 시험하여 내가 하늘 문을 열고 너희에게 복을 쌓을 곳이 없도록 붓지 아니하나 보라.
[말라기 3:10]

하늘 문을 열고 복을 받는 것은 강한 의지로 이루어지는 것이 아닙니다. 완벽한 수용의 느낌이 찾아왔을 때 하늘 문은 스스로 열리고 대가 없는 선물로 보배들이 쏟아집니다.

현재 상태에서부터 소원이 이루어졌을 때의 느낌까지의 과정은 어떤 간극을 넘어가는 것이 아닙니다. 현실과 비현실이라고 불리는 것 사이에는 연속성이 존재합니다.

한 상태에서 다른 상태로 건너가기 위해서 당신은 단순히 감각을 확장해서 당신이 상상 안에서 만지는 것을 믿고, 당신이 하고 있는 것의 영(sprit, 정신)에 완전히 들어가면 됩니다.

만군의 여호와가 말씀하시되,
이는 힘이나 권력으로 되지 아니하며
오직 나의 영으로 되느니라. [스카랴 4장 6절]

영(sprit, 정신), 즉 소원이 성취된 느낌을 사실처럼 가져보세요. 그러면 당신은 축복을 받아들이는 그 창문을 열게 될 것입니다. 하나의 상태를 사실처럼 받아들이는 것은, 그 영(정신) 속으로 들어가는 것입니다.

갈망의 상태로부터 소원이 성취된 느낌을 갖기까지의 숨은 과정을 알지 못하는 사람들에게는 당신이 이룬 엄청난 성공들이 놀랍게만 보일 것입니다.

만군의 주는 원하는 존재가 이미 되었다는 느낌을 가질 때까지는 반응을 보이지 않습니다. 왜냐하면 수용은 주(主)가 행동하는 통로이기 때문입니다.

수용은 만군의 주가 행동하는 것입니다.

Chapter 14
THE EFFORTLESS WAY
노력 없는 방법

'최소작용'의 원리는 행성의 궤도로부터 빛의 파동경로에 이르기까지, 물리학의 모든 사항에 적용됩니다. 최소작용은 최소의 에너지에 최소의 시간을 곱한 것입니다. 따라서 당신의 현재 상태에서 바라는 상태로 이동할 때 당신은 최소에너지를 사용해야 하며 가능한 최단 시간이 걸려야 합니다.

하나의 의식 상태에서 또 다른 의식 상태로 이동하는 것은 마음입니다. 그래서 그러한 이동을 위해, '최소작용'과 동등한 마음작용을 사용해야 하며 그런 마음작용이 바로 전제(前提)입니다.

전제의 힘을 완전히 깨닫게 되는 날, 당신은 그것이 최소작용의 원리와 완전히 일치한다는 것을 알게 됩니다. 그것은 노력을 뺀 주의력을 수단으로 삼습니다.

그 결과 당신은 최소화된 행동으로 이미 이루어졌음을 전제하면서, 빠르게 가지만 급함은 없이 목표에 애쓰지 않고 도달하게 됩니다.

창조가 끝났기에 당신이 바라는 것은 이미 존재합니다. 당신은 의식 안에 있는 것들만 볼 수 있기에 원하는 것들을 아직 보지 못합니다. 그 보이지 않는 것을 다시 불러들여서 완전히 내면의 시야로 복구하는 것이 전제의 기능입니다.

세상이 변하는 것이 아닙니다. 단지 당신이 전제한 것들이 변하는 것입니다.

전제는 보이지 않는 것을 보이게 만듭니다. 그것은 하느님의 눈, 즉 상상력으로 보는 것입니다.

주가 보는 것은 사람과 같지 아니하니
사람은 외형을 보거니와
나 여호와는 마음을 보느니라. [사무엘 상 16:7]

마음은 첫 번째의 감각기관이며 경험의 첫 번째 원인입니다.

'마음을 본다'는 것은 당신이 전제한 것들을 보는 것입니다. 당신이 전제한 것들이 당신의 경험을 결정짓습니다.

모든 마음을 다해 당신이 사실로 받아들인 것을 지켜보세요. 왜냐하면 삶의 모든 문제들은 그곳에서 나오기 때문입니다.

전제는 외부에 실현시키는 힘을 지니고 있습니다. '보이는 세상'의 모든 사건은, '보이지 않는 세상'의 전제와 관념의 결과물입니다.

우리는 지금 이 순간 무엇을 사실로 받아들일지를 통제할 수 있기에, 지금 이 순간은 매우 중요합니다.

전제의 법칙을 현명하게 작동시키려면 당신은 마음속에서 미래를 현재로 만들어야 합니다. 원하는 것이 충족되어서 되고 싶은 존재가 이미 되었다고 상상할 때 미래는 현재가 됩니다.

**고요히 있으라(=최소작용) 그리고 그대가
이미 바라는 존재가 되어 있다는 것을 알라.**

갈망(longing)의 끝은 '됨(being)'이 되어야 합니다. 당신의 꿈을 '됨'으로 바꾸세요. 미래의 상태를 꾸준히 만들어보지만 이미 그것이 되었다고 의식하지 못한다면, 즉 욕망을 그려보지만 소원이 성취된 느낌을 실제처럼 갖지 못한다면 그것은 잘못된 것이며 신기루일 뿐입니다.

그것은 단지 헛된 백일몽일 뿐입니다.

Chapter 15
THE CROWN OF THE MYSTERIES
최고의 신비

소원이 이미 이루어졌음을 사실로 받아들이는 것(전제)은 당신을 배에 태워 미지의 바다를 건너 꿈이 성취된 곳에 도달하게 합니다.

전제함이 모든 것입니다. 그것이 실현되는 것은 잠재의식 활동의 영역이며 노력을 요하지 않습니다.

그대가 덕(德)이 없거든
가진 척이라도 해보아라. [셰익스피어 "햄릿"]

당신이 구하고 있는 것을 이미 가지고 있다는 전제하에 행동하세요.

주께서 하신 말씀이 반드시 이루어지리라고
믿은 그 여자에게 복이 있도다.
[누가복음 1:45]

'성모의 처녀잉태'가 그리스도 신비주의의 기반인 것처럼, '전제'는 기독교 신비주의의 최상위 개념입니다.

'성모의 처녀잉태'를 마음에 관한 측면에서 해석해보자면 그것은 당신의 의식속에서 다른 사람의 도움 없이 관념을 탄생시키는 것입니다. 예를 들어 당신이 특정한 소망이나 갈망을 가질 때 그것은 다른 사람이나 외적인 환경에 의해 당신 마음속에 심어진 것이 아닙니다. 이런 점에서 본다면, 그것은 성모의 처녀잉태이자, 자가 임신입니다.

모든 사람은 관념을 잉태하고 있는 성모 마리아이며 이 관념을 외부에 출산해야 합니다.

전제는 의식을 최고 높은 수준으로 사용하기 때문에 신비주의의 최상위에 있습니다. 상상 속에서 소원이 성취된 느낌을 사실처럼 가질 때, 당신은 정신적으로 더 높은 수준으로 올라갑니다.

끈질김을 통해 이러한 전제가 실제사실이 될 때 당신은 더 높은 수준(즉, 소망이 이루어진 상태)에 다다른 자신을 발견하게 됩니다.

당신이 사실로 받아들인 것은 당신의 주변 세상을 의식적, 무의식적으로 움직이게 하여 의도한 결말로 이끕니다. 그렇기에 사건들을 결정하는 것은 당신의 전제일 뿐입니다.

삶이라는 드라마는 마음에 관한 드라마이며 그 드라마 전체는 당신이 전제한 것들에 의해 써지고 만들어집니다.

원하는 것을 사실로 받아들이는 '전제의 기술'을 배우세요. 당신을 행복으로 이끄는 것은 오직 전제의 힘밖에 없습니다.

Chapter 16
PERSONAL IMPOTENCE
자기 항복

자기항복은 필수적이며 그것은 나는 아무것도 할 수 없다는 고백을 의미합니다.

내가 아무것도 스스로 할 것이 없나이다.
[요한복음 5:30]

창조가 끝났기 때문에 우리는 새로운 것을 창조할 수 없습니다. 이전에 언급했던 자력(磁力)이 좋은 실례가 될 것입니다.

당신은 자력을 만들 수 없습니다. 그것은 단지 드러날 뿐입니다.

당신은 자력의 법칙을 만들 수 없습니다. 자석을 만들고자 한다면, 당신은 자력의 법칙에 맞춰서 적용시켜야 그렇게 할 수 있을 뿐입니다. 다시 말해서 당신은 그 법칙에 자신을 맞춰서 순응시켜야 합니다.

마찬가지로 당신이 전제라는 능력을 사용하고자 한다면 자력을 지배하는 법칙에 따르듯 법칙을 따라야만 합니다. 당신은 전제의 법칙을 만들 수도 없고, 바꿀 수도 없습니다.

이러한 점에서 당신은 무능합니다. 당신은 단지 항복하거나 따를 뿐입니다. 그리고 당신이 경험하는 모든 것은 의식적이든 무의식적이든 당신이 전제한 것의 결과물이기 때문에, 전제의 힘을 의식적으로 사용하는 것이 얼마나 가치 있는 일인지를 명백히 인식해야 합니다.

당신은 자신을 이미 당신이 원하는 사람이라고 여기고, 그것이 당신을 통해 나타날 것임을 알아야 합니다. 소원이 성취된 느낌에 굴복당하고 그것의 희생자가 되세요. 그러면 당신은 전제의 법칙의 예언자로 부활하게 될 것입니다.

Chapter 17
ALL THINGS ARE POSSIBLE
어떤 것이라도 가능하다

이 책에 나와 있는 원리가 저자인 제 경험을 통해 반복적으로 입증되었다는 점은 매우 큰 의미가 있을 것입니다. 저는 25년 동안 이 원리를 적용해왔고, 수많은 사례에서 이 원리가 적용되는 것을 확인했습니다. 저는 제가 이룬 성공들은 남김없이 모두 제 소망이 이미 이루어졌다는 믿음이 흔들리지 않았기 때문이라 봅니다.

저는 제가 흔들리지 않고 이미 사실로 받아들였기 때문에 소망들이 반드시 이루어질 것이라고 확신했었습니다. 몇 번이고 소망이 이루어진 느낌을 사실로 받아들였고 바라는 것이 완전히 나타날 때까지 그 전제를 계속 유지했습니다.

확신과 단호함이라는 숭고한 정신으로 삶을 살아보세요. 외형들과 조건들이라는, 사실상 당신의 소망을 부정하는 감각의 증거들을 무시하세요. 이미 원하는 사람이 되었다는 전제 속에 마음을 편히 두세요. 왜냐하면 이런 단호한 믿음 속에서 당신과 당신의 무한한 존재는 창조의 근원 안에서 하나가 될 것이고, 그 무한한 존재(하느님)에게는 모든 것이 가능할 것이기 때문입니다.

하느님은 결코 실수하지 않습니다.

그렇기에 누가 그의 손을 잡고 '무엇을 하고 있나이까?'라고 말할 수 겠는가?
[다니엘 4:35]

전제의 힘을 완벽하게 익힌다면 정말 운명의 주인이 됩니다.

그로 인해 우리는 삶의 사다리를 올라가게 됩니다. 다시 말해 당신의 이상은 실현됩니다.

삶의 진정한 목적에 대한 단서는, 당신의 이상이 실제 존재한다는 것을 확실히 인식하여 자신을 그 이상에 완전히 내려놓는 것입니다. 그러면 당신은 더 이상 예전과 같은 삶을 살지 않고 이상적인 삶을 살기 시작할 것입니다.

> 그분은 보이지 않는 것을
> 마치 보이는 것처럼 부르시니,
> 보이지 않는 것은 보이게 되었더라.
> [로마서 4장17절]

당신이 사실로 받아들이고 있는 것들은 각각 그것과 대응하는 현실세계를 지니고 있습니다. 만일 당신이 정말 잘 관찰해본다면 완전히 바뀔 것 같지 않은 상황들을 변화시키는 전제의 힘을 깨닫게 될 것입니다.

당신은 의도적으로 무언가를 사실로 받아들이는 전제의 힘을 통해 당신이 어떤 세상에 살게 될지를 결정합니다. 현재 상황을 무시하고 이미 소망이 성취되었다고 받아들이십시오. 그렇게 주장하세요. 그러면 그 외침에 대답할 것입니다.

전제의 법칙은 당신의 소망을 이루게 해주는 도구입니다.

당신 삶의 매순간, 의식적이든 무의식적이든

하나의 느낌을 갖고 있습니다. 당신이 먹고 마시는 것을 피할 수 없는 것처럼, 느낌을 갖는 것을 피할 수는 없습니다.

당신이 할 수 있는 것은 오직 어떤 전제를 취할지 통제하는 것뿐입니다.

그렇다면 당신이 상상속에서 무엇을 사실로 받아들일지를 조절하고 통제하는 것이야말로 당신을 보다 넓게 만들어 행복하게 만드는, 그리고 보다 고귀한 삶으로 인도하는, 당신 손에 든 열쇠일 것입니다.

Chapter 18
BE YE DOERS

너희는 행하는 자가 되라

> 너희는 말씀을 행하는 자가 되고
> 듣기만 하여 자신을 속이는 자가 되지 말라.
> 누구든지 말씀을 듣고 행하지 아니하면
> 그는 거울로 자신의 얼굴을 보고 그 모습이 어떠했는지를 곧 잊어버리는 사람과 같더라.
> 자유롭게 하는 온전한 법을 들여다보고 그 안에 계속 머무르는 자는
> 듣고 잊어버리는 자가 아니요 실천하는 자니,
> 이 사람은 행하는 일에 복을 받으리라.
> [야고보서 1:22-25]

위에서의 '말씀'이란 생각, 관념 혹은 소망을 의미합니다. 당신의 소망을 단지 희망사항 정도로 여기면서 성취되기만을 바란다면 그것은 '단

순히 듣기'만 하는 것으로써 자신을 속이는 행위입니다.

당신의 소망은 당신이 되고 싶은 것이며, '거울 속에 있는 자신을 보는 것'은 상상 속에서 자신을 그런 사람으로 보는 것입니다.

'그 모습이 어떠했는지를 곧 잊어버린다'는 것은 당신이 전제한 것을 끝까지 고집하는 것에 실패하는 것을 말합니다.

'자유롭게 하는 온전한 법'은 한계의 구속으로부터 자유로워지는 전제의 법칙을 말합니다.

'온전한 법을 들여다보고 그 안에 계속 머무른다는 것'은 당신의 소망이 이미 이루어졌다는 전제속에 지속적으로 머무르는 것입니다.

당신의 의식 안에 소원이 성취된 느낌을 갖는 것을 지속한다면, 당신은 '듣고 잊어버리는 자'가 아닙니다. 이렇게 하면 당신은 '행하는 자'가 되며, 당신의 욕망은 필연적으로 실현되어서 당신이 행하는 일에 복을 받게 됩니다.

적용해 보지 않으면 아무리 심오하게 이해한다 해도 바라던 결과를 내지 못합니다. 당신은 전제의 법칙을 행하는 자가 돼야만 합니다.

이 책에서는 중요한 기본적 진리들을 계속 되풀이하고 반복합니다. 전제의 법칙은 인간을 자유롭게 해주는 법칙이기에 반복하는 것이 중요합니다. 이를 위해서는 여러 번 되풀이해서 명확히 하는 것을 감수해야만 합니다.

참된 진리의 구도자라면 자신을 자유롭게 해방시켜주는 그 법칙에 반복적으로 관심을 집중하게 해주는 이런 방식을 환영할 것입니다.

성경에서는 한 주인이, 자신에게 주어진 재능을 소홀히 한 종을 비난한 이야기[마태복음 25:14-30]가 나옵니다. 이 이야기가 전달하고자 하는 진리는 분명하며 틀림이 없습니다. 보물창고의 열쇠를 당신의 내부에서 발견했다면, 당신도 훌륭한 종처럼 자신에게 주어진 재능을 현명하게 사용해서 몇 곱절로 늘려 놓아야 합니다.

당신에게 주어진 재능은 의식적으로 당신의 전제를 결정할 수 있는 힘입니다. 이 재능을 사용하지 않으면, 근육을 사용하지 않아 위축되듯 재능도 약해져서 마침내 퇴화될 것입니다.

당신이 추구해야 할 것은 '됨'입니다. 행하기 위해서는, 되어야 합니다. 열망의 끝은 '되는 것'입니다.

당신이 지금 자신에 대해 지니고 있는 관념은 오직 다른 자아 관념을 가질 때에만 제거될 수 있습니다. 마음속에 이상을 만들고 그 이상과 완전히 하나가 될 때까지 그것과 당신 자신을 동일시하면 당신은 이상적인 모습으로 변하게 됩니다.

동(動)적인 것은 정(靜)적인 것을 이깁니다. 능동(能動)적인 것이 수동(受動)적인 것을 이깁니다.

행하는 자는 끌어당기는 힘을 행사할 수 있기에, 듣기만 하는 자와는 비교할 수 없을 정도로 창조적입니다.

행하는 자가 되세요.

Chapter 19
ESSENTIALS
핵심사항들

 전제의 법칙을 성공적으로 사용하기 위한 다음의 중요사항들이 있습니다.

 첫째로 그리고 제일 중요한 것이 갈망, 열망, 강렬하게 불타는 욕망입니다.

 당신은 온 마음을 다해서 현재의 자신과 달라지기를 원해야만 합니다. 강렬하고 불타는 욕망이 성공하고자 하는 의도와 결합하면 행동을 유발하는 주요원천이 되며 모든 성공적인 여정들의 출발점이 됩니다. 목적을 달성한 위대한 열정들 안에는 강렬하게 집중된 욕망이 존재합니다.

 먼저 욕망을 가지세요. 그리고 성취하고자 하는 의도를 가지세요.

시냇물을 찾아 헐떡이는 수사슴처럼
나의 영혼은 그대,
오! 하느님을 찾아 헐떡이는구나. [시편 42:1]

의로움에 굶주리고 목마른 자는 복이 있나니
그들이 배부를 것이기 때문이라 [마태복음 5:6]

  여기서 '영혼'은 당신이 사실이라고 믿고 생각하고 느끼고 받아들이는 모든 것의 총합으로 해석됩니다. 즉, 당신 의식의 현 수준을 말합니다.
  '나(I AM)'는 의식의 힘이며 모든 욕망들의 근원이자 그것들이 실현된 것이기도 합니다. 나는 무한히 연속된 다양한 수준의 의식이며 그 연속된 여러 의식 가운데 내가 위치한 곳에 따라 지금의 내가 존재합니다.
  위의 인용문은 현재의 당신 의식이 얼마나 현재의 나를 초월하고 싶은지를 묘사합니다.
  '의로움(righteousness)'이란 원하는 존재가 이미 되었다는 것을 인식하는 것입니다.

두 번째, 육체적 부동(不動, physical immobility) 상태를 키우세요.

그것은 육체적으로 무력한 상태인데 키이츠(Keats)의 [나이팅게일에게 붙이는 노래]에서 다음과 같이 묘사합니다.

**졸린 듯한 마비상태가 감각들을 잠재우는구나.
마치 내가 독미나리에 취해버린 듯하다.**

그것은 잠자는 것과 비슷한 상태지만, 여전히 의식을 지니고 주의를 통제할 수 있는 상태입니다. 이러한 상태를 마음대로 유도하는 법을 배워야 합니다.

당신은 상당히 많은 음식을 먹은 뒤에 혹은 아침에 일어나 기운 없이 누워 있을 때 이런 상태가 쉽게 유도되는 것을 경험해봤을 것입니다. 이런 상태에서는 자연스럽게 잠과 비슷한 상태에 들어가게 됩니다.

육체적 부동 상태에서는 정신력이 증가함과 더불어 절대적 고요상태에 들어가게 됩니다. 그것은 당신의 집중력을 더 증가시킵니다.

고요히 하라. 그리고 내가 하느님임을 알라.
[시편 46:10]

몸은 정지하고 감각의 문이 외부 세계에 닫힐 때 더욱 거대한 마음의 에너지들이 폭발적으로 분출됩니다.

세 번째 그리고 마지막으로 할 일은, 만일 당신이 목표를 달성했다면 실제로 경험할 일을 상상 속에서 경험하는 것입니다.

상상은 당신이 추구하는 것을 현실로 안내하는 문이기 때문에 당신은 먼저 상상 속에서 그것을 얻어야 합니다. 그러나 결과를 생각하는(think of) 방관자가 아니라 결과로부터 생각하는(think from) 참여자가 되어야 합니다.

소망하지만 지금껏 당신 것이 되지 못한 자질 같은 것이나, 아니면 다른 원하는 것이라도 이미 갖고 있다고 상상하세요. 당신이 온전히 이러한 느낌에 사로잡힐 때까지 당신 자신을 이 느낌에 완전히 내어줘야 합니다.

이 상태는 몽상(夢想)과는 다릅니다. 왜냐하면 이 상태는 '통제된 상상력'과, '꾸준하며 집중된 주의력'의 결과인 반면 몽상은 통제되지 않은 상상의 결과이기 때문입니다. 통제되지 않는다면 그저 백일몽을 꾸는 것일 뿐입니다.

통제된 상태에서는 최소한의 노력으로 당신의 의식을 소원이 성취된 느낌으로 충분히 채울 수 있습니다.

이러한 육체적, 정신적 부동(不動) 상태는 자발적으로 주의력을 집중할 수 있게 도움을 주면서 최소노력을 가능케 하는 주요한 요인으로 작용합니다.

다음의 세 가지 핵심을 적용하세요.

1. 욕망
2. 육체적 부동 상태
3. 소원이 이미 성취되었다는 전제

위 세 가지는 당신이 목표한 것과 당신을 하나로 만들게 하는 방법입니다.

첫 번째 핵심은 소망을 실현하고자 하는 의도를 가지고 결과에 대해 생각하는 것(thinking of)입니다.

세 번째 핵심은 소원이 성취되었을 때의 느낌을 가지고 결과로부터 생각하는 것(thinking from)입니다.

결과로부터 생각할 수 있는 비법은 그렇게 됨을 즐기는 것입니다. 당신이 그것을 즐기고, 당신이 그것이 되었다고 상상하는 순간, 당신은 결과로부터 생각하기 시작합니다.

가장 널리 퍼진 오해 한 가지는 이 법칙이 신앙심이 깊은 사람이나 종교적인 목적을 가진 사람에게만 작동한다는 것입니다. 이것은 잘못된 믿음입니다.

이 법칙은 전기의 법칙처럼 사람을 가리지 않습니다. 그래서 고상한 목적뿐만 아니라 탐욕스럽고 이기적인 목적에도 사용될 수 있습니다.

하지만 고상하지 못한 생각이나 행동은 필연적

으로 불행한 결과를 초래한다는 것 또한 항상 명심해야 합니다.

Chapter 20
RIGHTEOUSNESS
의로움

앞 장에서 의로움을 '당신이 원하는 사람이 이미 되었다는 의식'이라고 정의했습니다. 이것이 의로움에 관한 진정한 심리적 의미이지, 단지 도덕, 법률, 종교적 계율을 준수하라는 뜻은 아닙니다.

의로움은 아무리 많이 강조해도 지나치지 않습니다. 실로 성경 전체에는 이 주제에 대한 훈계와 권고가 여기저기 들어있습니다.

의로움을 행함으로써 그대의 죄를 사하라.
[다니엘서 4:27]

내가 내 의로움을 굳게 잡고 놓지 아니하니 일평생 내 마음이 나를 책망치 아니하리[욥기 27:6]

훗날에 나의 의로움이 내 대답이 되리라.
[창세기 30:33]

죄(罪)와 의로움이라는 단어들은 같은 문장 내에서 자주 사용됩니다. 이것은 의로움과 대비되는 죄의 심리적 뜻을 밝혀서 '의로움'의 의미를 더 부각시켜 줍니다.

죄는 과녁에서 빗나가는 것을 의미합니다. 욕망을 성취하지 못하고, 원하는 사람이 되지 못한 것이 죄입니다. 의로움은 당신이 이미 원하는 존재가 되었다는 의식입니다.

우리가 배워야 할 불변의 법칙은 '원인이 있으면 결과가 따른다'는 것입니다. 오로지 의로움을 행해야 당신은 죄로부터 구원받습니다.

죄로부터 구원을 받는다는 것에 대해 널리 퍼진 오해가 있습니다. 다음의 예는 이러한 오해가 무엇인지를 말해주며 진실을 명확하게 만들어줄 것입니다.

극도로 가난하게 사는 사람이 종교적이거나 철

학적인 행동을 통해 죄로부터 구원받아, 삶이 나아질 수 있다고 생각할 수도 있습니다. 그러나 그가 똑같이 가난한 상태로 계속 살아간다면 그가 믿은 것이 진실이 아니란 뜻이 되기에, 실상 그는 그것으로 구원받지 못한 것이 자명합니다.

반면에 그는 의로움으로써 구원받을 수 있습니다. 전제의 법칙을 성공적으로 사용한다면 그의 삶에서 실질적인 변화라는 결과를 반드시 나타내게 됩니다. 그것을 통해 그는 더 이상 가난하게 살지 않을 것입니다.

그는 더 이상 과녁을 빗나가지 않을 것입니다. 따라서 그는 죄로부터 구원받은 것입니다.

내가 너희에게 이르노니 너희 의로움이 서기관과 바리새인보다 더 낫지 못하면 결코 천국에 들어가지 못하리라. [마태복음 5:20]

서기관과 바리새인들은 겉모습과, 자신들이 거주하는 사회의 규칙, 관습, 그리고 타인에게서 좋게 평가받으려는 헛된 욕망에 영향받고 지배당하는 사람들을 의미합니다. 이러한 마음의 상태를 넘어서지 못하면 당신의 삶은 한계 지어진 삶, 즉 욕망을 성취하지 못하고 과녁을 빗나간 죄의 삶이 될 것입니다.

이런 거짓 의로움은 진정한 의로움으로 극복될 수 있으며, 그것은 당신이 원하는 존재가 이미 되었다는 의식을 말합니다. 전제의 법칙을 사용하려고 할 때 빠지기 쉬운 가장 큰 함정은 새로운 집, 더 나은 직업, 더 큰 은행잔고에만 당신의 주의력을 집중하는 것입니다.

**이것은 의로움이 아니며 의로움이 없다면
너희는 너희의 죄 속에 죽으리라.**
[요한복음 8:24]

의로움은 사물 그 자체가 아닙니다. 의로움(Righteousness)은 의식이며 당신이 원하는 그 사람이 이미 되었다는 느낌이자, 바라는 그것을 이미 가졌다는 느낌입니다.

그런 즉, 너희는 먼저
하느님의 왕국과 하느님의 의로움을 구하라.
그리하면 이 모든 것을 너희에게 더하리라.
[마태복음 6장 33절]

하느님의 왕국, 즉 당신의 I AM의 모든 창조는 당신 내부에 있습니다.

의로움은 당신이 이미 이 모든 것을 가지고 있다는 의식입니다.

Chapter 21
FREE WILL
자유의지

사람들은 다음과 같이 질문하곤 합니다.

"소원이 성취되었음을 사실로 받아들였다면 이제 그것이 실현되기까지 어떤 일을 해야 할까?"

아무것도 할 것이 없습니다.

소원이 성취되었음을 전제하는 것 이외에 소원 성취를 돕기 위해 무엇인가 할 게 있다는 것은 망상입니다. 당신은 무언가를 할 수 있고, 무언가를 하고 싶어 하지만, 실로 당신이 할 수 있는 것은 아무것도 없습니다.

무엇인가 할 게 있다는 자유의지의 환상을 갖는 이유는 전제의 법칙에 근거해서 모든 활동이 이루어지고 있다는 것을 모르기 때문입니다.

모든 일은 자동적으로 일어납니다. 당신에게 닥치는 모든 것들, 당신이 하게 되는 모든 것들은 그냥 일어납니다.

당신이 전제한 것들은, 의식적이든 무의식적이든 모든 생각과 행동에 지시를 내려 전제한 것들을 성취하게끔 인도합니다.

전제의 법칙을 이해하고 그것이 진실하다는 것을 확신한다면 행동이 자유 의지에 의한 것이라는 착각에서 해방된 것입니다.

유일한 자유의지가 있다면 그것은 원하는 어떤 생각이라도 선택할 수 있는 자유뿐입니다.

그 생각이 이미 사실이 되었음을 전제해야 그것은 현실로 바뀌게 됩니다. 그것 이상의 자유의지는 없으며, 모든 것은 전제되어진 관념에 맞춰서 일어납니다.

내가 아무 것도 스스로 할 수 없노라...
나는 나의 뜻대로 하려 하지 않고
나를 보내신 아버지의 뜻대로 하려 함이로다.
[요한복음 5장 30절]

이 인용문에서 아버지는 명백히 하느님을 가리

킵니다. 이전 단원에서 하느님을 I AM으로 규정했습니다. 창조가 끝났기 때문에, 하느님 아버지(I am)는 '앞으로 ~이 될 것이다(I will be)'라고 말할 수 없습니다.

다시 말해서 모든 것이 이미 존재하기에 무한한 I AM인 의식은 오로지 현재시제로만 말할 수 있습니다.

내 뜻대로 마시옵고
아버지의 뜻대로 되기를 원하나이다.
[누가복음 22장 42절]

'앞으로 될 것이다(I will be)'라는 것은 '지금은 안됐다(I am not)'라는 것을 고백하는 것입니다. 아버지의 의지는 항상 'I AM(지금 그렇다)'입니다. 당신이 아버지라는 것, 오로지 하나의 I AM이 있고 당신의 무한한 자아가 그 I AM이라는 것을 깨닫지 못한다면 당신의 의지는 '앞으로 ~이 될 것이다'가 됩니다.

전제의 법칙에서 이미 되었다는 당신의 의식이

아버지의 의지입니다. 이러한 의식이 없는 단순한 소망은 '나의 의지'일 뿐입니다.

사람들은 위에 언급한 위대한 인용문을 거의 이해하지 못하지만, 저 내용은 전제의 법칙을 완벽하게 나타내고 있습니다.

어떤 것을 하는 것은 불가능합니다. 그것을 하기 위해서는 당신은 먼저 그것이 되어야 합니다.

당신이 자신에 대한 관념을 달리한다면, 모든 것은 달라질 것입니다. 당신은 당신 스스로 규정한 존재이며, 모든 것 또한 그렇게 당신 스스로 규정한 것에서 생겨납니다.

당신이 목격하는 사건들은 당신이 갖고 있는 자아관념에 의해 결정됩니다. 당신이 자아관념을 바꾸면 앞으로 일어날 사건들이 바뀌게 되며 그 순간부터 그렇게 바뀐 자아관념은 '결정된 미래의 사건들을' 다시 형성합니다.

당신은 개입할 수 있는 힘을 가진 존재이기에 의식을 바꿈으로써 앞으로 목격하게 될 사건들의 경로를 바꿀 수 있습니다. 이것은 당신의 미래를 바꿀 수 있다는 말이기도 합니다.

감각들이 주는 증거를 거부하세요. 그리고 소원이 성취된 느낌을 사실처럼 가지세요.

당신의 전제는 창조력이 있기 때문에 당신의 환경을 창조합니다. 그래서 당신의 전제가 고상하다면 그것은 당신의 확신을 높이고, 당신이 보다 높은 수준의 존재가 될 수 있도록 도와줄 것입니다.

반면 당신의 전제가 사랑스럽지 못하다면 그것은 당신을 방해해서 더 빠르게 내리막길로 가게 할 것입니다.

사랑스러운 전제들이 조화로운 환경을 만드는 것과 같이, 곤란하고 쓰라린 느낌은 힘들고 쓰라린 환경을 만듭니다.

무엇에든지 정결하며
무엇에든지 사랑받을 만하며
무엇에든지 칭찬받을 만하며
무슨 덕이 있든지 무슨 기림이 있든지
이것들을 생각하라.
[빌립보서 4:8]

위의 인용문은 당신의 전제들을 가장 높고 고귀하게, 그리고 가장 행복하게 만들라는 의미입니다.

시작하기에 지금보다 더 나은 시기는 없습니다. 지금이야말로 사랑스럽지 못한 전제들을 모두 제거하고 오로지 좋은 것에만 집중할 수 있는 최적의 시기입니다.

당신이 하느님께서 주신 신성한 권리를 주장하는 것처럼, 다른 사람들도 그 권리를 주장하게 하세요.

오로지 다른 사람들의 선함을 보세요. 그들 안에 존재하는 선함을 보세요. 다른 사람들이 진실로 선하다고 전제함으로써 그들 내부의 최상의 것을 일깨워 그들이 올바른 확신과 자기주장에 이르게 하세요.

그러면 당신은 그들의 선지자와 치유자가 될 것입니다. 왜냐하면 모든 지속적인 전제들은 필연적으로 그렇게 전제한 것들을 성취하기 때문입니다.

당신은 전제의 힘을 사용하여, 외부 힘으로는

결코 얻을 수 없는 것을 얻을 수 있습니다.

 무언가를 사실로 받아들이는 전제행위는 의식의 특정한 운동입니다. 이 운동은 다른 운동과 마찬가지로 인접한 것들에 영향력을 행사해서, 그 주변을 공명하게 하여 전제에 맞는 형상을 갖게끔 합니다.

 운명을 바꾼다는 것은 새로운 마음의 방향과 관점을 갖는 것을 말하며 그것은 단지 동일한 마음의 재료인 의식의 배열을 바꾸는 것입니다.

 당신의 삶을 변화시키고자 한다면 당신 자신의 자아관념이라는 그 근원에서부터 시작해야 합니다. 조직이나 정치단체, 종교단체의 일원이 되는 것 같은 외부적 변화로는 충분하지 않습니다.

 그 원인은 더 깊숙한 곳에 자리하고 있습니다.

 당신 자신 안에서, 당신의 자아 관념 안에서 본질적인 변화가 일어나야 합니다.

 원하는 존재가 이미 되었다 전제하고 그 안에 계속 머물러야 합니다. 왜냐하면 당신이 전제한 것은 외부의 객관적 사실과는 완전히 별개로 존재하며, 소원이 성취된 느낌 속에 끝까지 머물렀을 때 스스로 육신의 옷을 입게 될 것이기 때문입니다.

당신이 사실로 받아들인 것을 끝까지 고집한다면 그것이 현실로 굳어진다는 것을 알 때 당신은 사람들이 단지 우연이라고 말하는 사건들마저도, 전제의 법칙의 논리적, 필연적 결과로 이해하게 될 것입니다.

명심해야 할 중요한 점은 당신은 당신의 전제를 선택하는데 있어서 무한한 자유의지를 가지고 있지만, 환경이나 사건들을 결정할 힘이 없다는 것입니다.

당신은 아무것도 창조할 수 없으며 당신의 전제가 당신이 장차 경험할 창조의 요소들을 결정합니다.

Chapter 22
PERSISTENCE

끈질김

또 이르시되 너희 중에 누가 벗이 있는데 밤중에 그에게 가서 말하기를, '벗이여 빵 세 덩이를 내게 꾸어 달라. 내 벗이 여행 중에 내게 왔으나 내가 먹일 것이 없노라' 하면

그가 안에서 대답하여 이르되 '나를 괴롭게 하지 말라. 문이 이미 닫혔고 아이들이 나와 함께 침실에 누웠으니 일어나 네게 줄 수가 없노라' 하겠느냐?

내가 너희에게 말하노니, 비록 친구로서는 일어나서 주지 아니할지라도 그 끈질김으로 인하여 일어나 그 요구대로 주리라.

내가 또 너희에게 이르노니, 구하라 그러면 너희

에게 줄 것이요, 찾으라 그러면 찾아낼 것이요, 문을 두드리라 그러면 너희에게 열릴 것이다.
[누가복음 11장 5절~9절]

 이 인용문에는 3명의 주요 인물이 등장하는데 바로 당신과 두 명의 친구들입니다.
 첫 번째 친구는 바라는 의식의 상태입니다.
 두 번째 친구는 성취를 추구하는 욕망을 상징합니다.
 세 번째 친구는 완전함, 즉 완성의 상징입니다.
 '빵'은 재료를 상징합니다.
 '닫힌 문'은 보이지 않는 것과 보이는 것을 구분하는 감각들을 상징합니다.
 '침대에 누운 아이들'은 아직 휴면상태의 관념들을 의미합니다.
 '일어날 능력이 없다'는 것은 의식 안에서 욕망 상태가 일어나지 않고 있으니, 당신이 그 욕망의 상태를 일으켜야 한다는 것을 의미합니다.
 '끈질김'은 강한 고집스러움, 말하자면 뻔뻔하게 요구하는 것을 의미합니다.

'구하라, 찾으라. 그리고 두드려라'는, 바라는 것을 이미 소유한 의식 상태를 의미합니다.

그래서 성경에서는 소원이 이미 성취되었다는 의식을 갖는 것을 고집스럽게 주장해야 한다고 말합니다. 감각이 부정한다 해도 이미 그것을 갖고 있다고 전제함에 있어 그 뻔뻔함이 부끄러움을 모를 정도가 되면 그것은 당신에게 주어질 것이며, 당신의 욕망은 성취될 것입니다. 이 약속은 확고합니다.

성경은 많은 이야기를 통해 고집의 필요성을 가르칩니다.

야곱은 그가 씨름하던 천사로부터 축복을 받으려 할 때 이렇게 말합니다.

당신이 내게 축복하지 아니하면 가도록 놔주지 아니하겠나이다. [창세기 32장 26절]

수넴 여인이 엘리샤에게 도움을 청했을 때 그녀는 말합니다.

여호와께서 살아 계심과 당신의 영혼이 살아 계심을 두고 맹세하노니 내가 당신을 떠나지 아니하리요. 엘리사가 이에 일어나 여인을 따라가더라.
[열왕기하 4장 30절]

다른 구절에서도 이렇게 표현되어 있습니다.

예수께서 그들에게 항상 기도하고 낙심하지 말아야 할 것을 비유로 말씀하여 이르시되,
어떤 도시에 하느님을 두려워하지 않고 사람을 무시하는 한 재판장이 있는데 그 도시에 한 과부가 있어 자주 그에게 가서 '내 원수에 대한 나의 원한을 풀어 주소서' 하되 그가 얼마 동안 듣지 아니하다가 나중에 속으로 생각하되
'내가 하느님을 두려워하지 않고 사람을 무시하나 이 과부가 나를 번거롭게 하니 내가 그 원한을 풀어주리라 그렇지 않으면 늘 와서 나를 괴롭게 하리라.' 하였더라
[누가복음 18장 1절 ~5절]

이 이야기들의 바탕이 되는 근본적 진리를 말해본다면, 욕망은 완벽한 성취를 인식하는 것에서 나오며, 욕망의 성취 여부는 그것을 이미 성취했다는 의식을 유지하는 끈질김에서 비롯된다는 것입니다. 기도가 응답된 상태를 느끼는 것만으로 충분하진 않습니다.

당신은 이 상태를 끝까지 고집해야 합니다.

이러한 이유로 성경에서는 다음과 같이 지시합니다.

인간은 항상 기도하며 낙심하지 말아야 하더라.
[누가복음 18장 1절]

여기서 기도는 당신이 원하는 것을 이미 갖고 있음에 감사드리는 것입니다. 오로지 소원이 성취되었다는 전제를 끝까지 고집하는 것만이 당신 마음속에 미묘한 변화를 일으킬 수 있고, 삶속에서 원하는 변화가 일어날 수 있게 합니다.

'천사', '엘리샤' 또는 '마지못해 하는 재판관' 이든 그 누구도 문제가 되지 않습니다. 모든 사람들은 당신의 고집스런 전제에 부응하여 반응할 것입니다.

당신 세상 속에 등장하는 사람들이 당신이 원하는 대로 행동하지 않는 것처럼 보인다면, 그들 쪽에서 안 하려는 것이 아닙니다. 그 이유는 당신의 삶이 이미 원하는 대로 되었다고 전제하는 것에 있어 집요함이 부족하기 때문입니다.

당신의 전제가 효력을 발휘하기 위해서는 단 한 차례로 끝나서는 안 됩니다. 당신은 소원이 이미 성취되었다는 태도를 꾸준하게 유지해야 합니다. 그런 꾸준한 태도가 당신을 목적지에 도달하게 해주기에, 당신은 소원에 대해서 생각하기(think of)보다 소원이 이미 성취된 상태에서 생각해야(think from) 합니다.

이를 위해서는 소원이 성취된 느낌을 빈번하게 갖는 것이 큰 도움이 됩니다. 시간을 길게 하는 것보다 횟수를 빈번하게 하는 것이 그것을 자연스럽게 만듭니다.

당신의 의식이 자연스럽게 계속 되돌아가고 있는 곳이 당신의 가장 꾸밈없는 현재 자아입니다.

소원이 성취된 느낌 속에 빈번하게 들어가는 것이 성공의 비밀입니다.

Chapter 23
CASE HISTORIES
실제 사례들

이 시점에서 이러한 법칙을 성공적으로 적용한 구체적인 예를 인용해보는 것이 매우 유용할 것입니다.

실제 사례들을 말해보겠습니다.

각각의 사례들에서 사람들이 어떤 문제를 겪고 있었고, 그 문제를 해결하기 위한 의식상태를 얻기 위해 상상력을 어떻게 사용했는지를 자세하게 설명해보겠습니다.

이러한 사례들은, 제가 직접 경험했거나 가까운 사람들에게서 들었던 내용들입니다.

-1-

1943년 봄, 저는 징집되어 루이지애나에 있는 대규모 군 캠프에 배치되었습니다. 저는 군대에서 벗어나기를 열렬히 바라고 있었지만 명예로운 방식으로 제대하기를 원했습니다.

제가 할 수 있는 유일한 방법은 제대 신청뿐이었습니다. 신청서는 부대장의 승인을 받아야 효력이 발생합니다. 육군 규정에 따라 부대장의 결정은 최종적이었고 항소할 수 없었습니다.

전 필요한 모든 절차에 따라 제대 신청을 했지만 4시간이 지나서 '승인불가'라는 문구가 찍힌 채 반려되었습니다. 군대든 민간기관이든 더 높은 상급기관에 항소할 수 없었기에, 전 내면으로 의식의 눈을 돌렸고 전제의 법칙을 따르고자 결심했습니다.

전 의식이 유일한 실체이며, 나의 특정한 의식 상태가 내가 마주할 사건들을 결정한다는 것을 알고 있었습니다. 그날 밤 잠자리에 누워 잠이 들기까지의 시간동안, 저는 의식적으로 전제의 법칙을 사용하는데 집중했습니다.

상상 속에서 저는 뉴욕의 아파트에 있다고 느꼈습니다. 저는 제가 살던 아파트를 시각화했습니다. 마음의 눈으로 저의 아파트를 실제로 보았고, 익숙한 방과 거기에 있는 가구들을 마음으로 하나씩 그려보았습니다.

저는 등을 대고 누워 있는 편안한 상태에서 이런 영상을 분명하게 시각화했습니다. 이런 방식으로 저는 잠의 경계선에 머무는 상태를 유도했으며, 동시에 주의의 방향을 통제하고 있었습니다. 몸이 완전히 움직이지 못하게 되었을 때 저는 제가 방에 있다고 상상했고, 제 침대에 누워있다고 느꼈습니다.

이 느낌은 군대 간이침대에 누워 있는 것과는 매우 다른 느낌이었습니다. 상상 속에서 저는 침대에서 일어나 이 방 저 방으로 걸어가며 다양한 가구들을 만졌습니다. 그러고는 창가로 가서 두 손을 창틀에 얹고 아파트가 마주 보고 있는 거리를 내다보았습니다.

상상 속에서 이런 장면들이 너무나 생생해서 도로, 난간, 나무들 그리고 길 건너편에 있는 익숙한 붉은 벽돌 건물을 세세하게 볼 수 있었습니다. 그런 다음 침대로 돌아와 잠에 들었습니다.

이 법칙을 성공적으로 사용하기 위해 제일 중

요한 사항은 잠에 빠져드는 바로 그 시점에 자신이 원하는 존재가 이미 되었다는 전제로 의식을 가득 채우는 것입니다. 제가 상상 속에서 한 모든 것은, 제가 더 이상 군대에 있지 않다는 전제에 기초하고 있었습니다.

밤마다 저는 이러한 드라마를 연출했습니다. 밤마다 상상 속에서 제가 명예롭게 제대를 해서, 집에 돌아와 익숙한 모든 주변 환경들을 보고 제 침대에 잠들어 있음을 느꼈습니다.

저는 8일 밤 동안 계속했습니다. 하지만 8일 동안 저의 외부세상에서는 이런 내면의 경험과는 정반대인 사건들을 경험했습니다.

9일째 되는 날, 대대 본부에서 명령이 하달되었는데 저에게 새로 제대 신청서를 작성하라는 것이었습니다. 제대 신청서를 쓰자마자, 저는 대령의 사무실에 보고하라는 명령을 받았습니다. 면담 중에 대령은 저에게 여전히 제대하기를 원하는지 물었습니다.

제대를 원한다고 대답하자, 대령은 개인적으로 동의하지는 않지만 승인해주겠다고 말했습니다.

몇 시간 지나지 않아 그 신청서는 승인되었고, 저는 민간인이 되어 집으로 향하는 기차에 올라탔습니다.

-2-

다음은 사업적으로 큰 성공을 한 제 형 빅터의 이야기입니다. 상상의 힘과 전제의 법칙을 잘 설명해주는 일화입니다. 빅터 형이 저에게 세세한 내용들 모두를 전해주었습니다.

이야기는 빅터 형의 스무 살 무렵부터 시작됩니다. 빅터 형은 우리 9남 1녀의 둘째입니다. 아버지는 작은 상품 판매 회사를 다른 사람들과 동업 형태로 운영하고 있었습니다.

빅터 형이 18살이 되었을 때 고국에서 2천마일이나 떨어진 대학에 진학해 학업을 이어갔습니다. 대학 1학년을 마칠 무렵, 아버지는 본인의 사업과 관련한 불미스러운 일로 인해 빅터 형에게 집으로 돌아오라고 했습니다.

아버지는 동업자들의 교묘한 술책으로 사업에서 강제로 쫓겨났을 뿐만 아니라 허위사실에 대한 고소로 인해 인격과 정직성에 대해서도 비난받게 되었습니다.

동시에 아버지는 회사에서의 정당한 몫까지도 빼앗겼습니다. 그 결과 아버지는 신용을 크게 잃었고 거의 무일푼이 되었습니다.

빅터 형은 대학에 있다가 이러한 상황으로 인해 집으로 불려왔습니다. 돌아왔을 때 형은 한 가지 커다란 결심, 즉 사업에서 크게 성공하리라고 마음을 먹었습니다.

우선 형과 아버지는 얼마 안 되는 돈을 들여 자신들만의 사업을 시작했습니다. 둘은 골목길에 작은 가게를 하나 빌렸는데, 그 가게는 아버지가 쫓겨났던 회사로부터 멀지 않은 곳에 있었습니다.

거기서 둘은 지역사회에 최상의 서비스를 제공하는 사업을 시작했습니다. 개업직후부터 형은 상상력이 반드시 효과를 발휘하리라는 것을 본능적으로 자각하면서 꿈과 같은 목표를 달성하기 위해 상상력을 의도적으로 사용하기 시작했습니다.

형은 출퇴근 길에 아버지의 옛날 회사 건물을 지나가게 되었는데 그곳은 그 지역에서 동종업계 가운데 가장 큰 규모였습니다. 회사 건물은 가장 큰 빌딩 중 하나였고, 도시의 중심부에서도 가장 잘 보이는 곳에 위치하고 있었습니다.

건물 바깥에는 회사의 이름이 커다랗고 굵은 글씨로 적힌 거대한 간판이 걸려있었습니다. 형은 날마다 그 옆을 지나가면서 마음속에 커다란 꿈을 키워 나갔습니다.

우리 가족이 이 거대한 건물을 소유하고 이 대규모의 사업체를 운영한다면 얼마나 좋을지 생각했습니다.

어느 날 형이 건물을 바라보며 서 있을 때 상상 속에서 입구 건너편의 거대한 간판에 써 있는 완전히 다른 이름을 보았습니다. 거기에는 커다란 글씨로 우리 가족 이름이 적혀 있었습니다. 그 간판은 '로츠 상회'라고 적혀 있었지만, 상상 속에서 형은 '고다드 상회'라고 보았습니다. 형은 그 간판에 '고다드 상회'라고 적혀 있다고 상상하면서 눈을 크게 뜨고 그것을 계속 바라봤습니다.

하루에 두 번씩 2년 동안 그 빌딩 정면에 걸려 있는 가족 이름을 보았습니다. 형은 무언가를 사실이라고 충분히 강하게 느낀다면 반드시 실제가 될 거라고 확신했고 그래서 상상 속 간판에 가족 이름을 본다면 언젠가 그것을 소유할 것이라고 확신했습니다.

이 기간 동안 형은 자신이 무엇을 하고 있는지를 단 한 사람에게만 말했습니다. 형은 어머니에게만 털어놓았는데, 어머니는 아들이 큰 실망감을 갖게 될 거라 생각해 그런 상상은 그만두라는 애정 어린 조언을 하였습니다. 그럼에도 불구하고 형은 매일마다 이 일을 고집스럽게 해나갔습니다.

2년이 지난 뒤에 그 큰 회사가 부도가 나서 건물이 매물로 나왔습니다. 매물로 나오던 날도 형은 전제의 법칙을 적용하기 시작했던 2년 전과 마찬가지로 그 회사를 소유할 수 있는 처지는 아니었습니다.

이 기간 동안 아버지와 형은 매우 열심히 일해서 고객들의 절대적인 신뢰를 받고 있었지만 건물을 구입하는데 필요한 돈을 모으지는 못한 상황이었습니다. 더욱이 필요한 돈을 빌릴 수 있는 곳도 없었습니다.

그 건물은 도시에서 사람들이 가장 탐내는 자산으로 여겨져 많은 부유한 사업가들이 눈독을 들이고 있었기에 형에게는 그 건물을 소유할 기회가 더욱 더 없어 보였습니다.

경매가 시작되는 당일, 놀랍게도 전혀 일면식도 없는 사람이 가게에 들어와 형과 아버지에게 그 건물을 대신 사주겠다는 제안을 했습니다. (거래와 관련해서는 조금 특이한 조항 덕택에, 아버지는 그 건물에 대해서 입찰을 할 필요조차 없었습니다.)

아버지와 형은 그 남자가 농담을 하고 있다고 생각했습니다. 그러나 그렇지 않았습니다. 그 남자는 오랫동안 둘을 지켜보면서 그들의 능력에 감탄했으며, 그들이 진실하다고 믿었습니다. 그러면서 그는 큰 규모의 사업에 참여하기 위해 자본을 공급해주는 것은 자신에게도 매우 건전한 투자가 된다고 덧붙여 말했습니다.

바로 그날 그 건물은 아버지와 형의 것이 되었

습니다. 형이 고집스럽게 상상 속에서 본 것이 결국 현실이 된 순간이었습니다. 그 낯선 투자자의 예감은 대단했습니다.

오늘날 우리 가족은 위에서 언급한 사업을 소유하게 되었을 뿐만 아니라, 바베이도스에서 가장 큰 규모의 제조업체를 여러 개 소유하게 되었습니다.

형은 상상 속에서 빌딩 입구에 적힌 자신의 가족 이름을 보았고, 꽤 오랜 시간이 지나서 현실이 되었습니다. 이것은 형이 상상의 기술을 정확하게 사용해서 낳은 결과입니다.

바라는 것을 이미 가졌다는 느낌을 사실처럼 갖고, 상상 속에서 이것을 생생한 현실로 만들고, 외부상황이나 모습과는 관계없이 단호하게 고집함으로써 그의 꿈은 필연적으로 현실이 되었습니다.

-3-

다음은 한 여성분이 저에게 찾아와 상담을 했을 때 일어난 일입니다. 전혀 예상하지 못한 결과가 일어나게 되었습니다.

어느 날 오후, 뉴욕에서 사업을 하는 젊은 할머니가 저를 찾아왔습니다. 그녀는 9살짜리 손자를 데려왔는데, 아이는 펜실베이니아에서 할머니 집에 잠시 머물고 있는 중이었습니다.

저는 그녀의 질문에 대한 대답으로, 전제의 법칙을 설명하며 목표를 달성하는데 필요한 절차를 상세히 설명했습니다. 아이는 작은 장난감 트럭에 푹 빠져 조용히 앉아 있었고 전 아이의 할머니에게 소망이 이루어진다면 갖게 될 의식의 상태를 미리 가져보는 방법을 설명했습니다. 저는 그녀에게, 제가 군대에서 명예제대를 하기 위해 매일 밤 잠들기 전 집에 돌아가서 잠든 것을 상상했던 이야기를 들려주었습니다.

소년과 할머니가 막 떠나려 할 때, 소년이 크게 흥분한 채 저를 쳐다보며 말했습니다.

"저는 이제 원하는 것을 얻는 방법을 알겠어요."

깜짝 놀라서 저는 꼬마에게 원하는 것이 무엇인지 물었습니다. 아이는 강아지를 몹시 갖고 싶다고 말했습니다.

할머니가 이 말을 듣자 격렬히 반대하며, 소년에게 어떤 일이 있어도 강아지를 키우는 일은 없다고 반복해서 단호히 말했습니다. 할머니는 아빠, 엄마가 허락하지 않을 거고, 강아지를 적절하게 돌보기에는 손자가 얼마나 어린지, 더구나 아빠는 강아지를 몹시 싫어해서 곁에 두는 것조차 꺼려한다고 말했습니다.

아이는 너무나도 강아지를 갖기 원했기에 이런 문제들을 이해하려 하지 않았습니다. 아이는 말했습니다.

"이제 제가 무엇을 해야 할지 알겠어요. 매일 밤 잠이 들 때, 저는 강아지를 갖고 있고 우리는 함께 산책하러 간다고 상상할 거예요."

할머니는 "안 돼! 그건 네빌씨가 의도한 게 아니야. 이건 너에게 말해준 게 아니야. 넌 강아지를 가질 수 없어."라고 손자에게 말했습니다.

약 6주 후, 할머니는 제게 아주 놀라운 이야기를 들려주었습니다.

아이는 강아지를 갖고 싶어하는 욕망이 너무나

강했기에 제가 할머니에게 말한 '소망을 이루는 방법'에 몰두했습니다. 그리고 아이는 어떻게 하면 강아지를 키울 수 있는지를 알게 됐다고 굳게 믿었습니다. 아이는 이런 믿음을 실행에 옮겼고, 매일 밤 강아지가 침대에서 자기 옆에 누워있다고 상상했습니다.

상상 속에서 아이는 강아지를 쓰다듬으며 그 털을 실제로 느꼈습니다. 강아지와 함께 놀고, 강아지와 산책을 하는 것과 같은 일들로 마음을 가득 채웠습니다.

몇 주 내에 어떤 사건이 벌어졌습니다.

아이가 살고 있는 도시의 한 지역신문사가 '동물 친절 주간(週間)'이라는 제목으로 특별한 프로그램을 만들었습니다. 모든 학생들은 '왜 내가 강아지를 갖기 원하는가?'에 대한 에세이를 써야 했습니다.

모든 학교의 출품작이 제출되고 심사된 후, 경연 대회의 수상자가 발표되었습니다. 몇 주전에 뉴욕의 제 아파트에서 '이제 강아지 얻는 방법을 알겠다'고 말한 바로 그 아이가 수상자였습니다.

화려한 시상식에서 소년은 예쁜 콜리종 강아지를 상으로 받았습니다. 그리고 그 시상식은 기사와 사진과 함께 신문에 실렸습니다.

할머니는 이 이야기를 하면서, 만약 아이가 강아지를 살 상금을 받았더라면 아이의 부모는 강아지를 사지 않았을 것이고, 그 돈은 소년을 위해 채권을 사거나 은행계좌에 넣어두었을 것이라고 말했습니다. 더군다나 누군가가 그 소년에게 강아지를 선물로 주었다면 아이의 부모님은 그것을 거절하거나 다른 곳에 보냈을 것입니다.

그러나 그 소년이 강아지를 갖게 된 극적인 방식, 그러니까 소년이 도시 전체 대회에 우승을 하고, 신문에 기사와 사진이 실리고, 그것으로 소년의 성취에 대한 자부심과 기쁨을 갖게 된 것, 이 모든 것이 합쳐져서 부모님의 마음을 바꿔놓아 소년의 소망이 이루어진 것이었습니다. 그래서 아이의 부모는 결코 허락하지 않았을 것이라고 여겨졌던 일을 허락하고 말았습니다. 그렇게 아이는 강아지를 키울 수 있게 됐습니다.

이 모든 것은 할머니가 저에게 말해준 것입니

다. 마지막으로 그녀는 아이가 마음에 둔 강아지가 콜리 종이었는데 아이가 받은 강아지 또한 콜리 종이라고 말했습니다.

-4-

다음은 제 강의가 끝날 무렵, 한 여성분이 청중 모두에게 들려준 이야기입니다.

전제의 법칙에 대한 제 강의가 끝나고 질의 시간이었습니다. 제 강의에 여러 번 참석했고 개인적으로 여러 가지 상담을 했던 한 여자분이 일어서서 법칙을 성공적으로 사용한 방법에 대한 이야기를 하고 싶다고 했습니다.

그녀는 1주 전쯤 강의가 끝나고 집에 돌아왔을 때 조카딸이 괴로워하면서 몹시 근심 있어 보였다고 했습니다. 조카딸의 남편은 애틀랜틱 시티에 근무하는 공군 장교였는데 나머지 부서원들과 함께 유럽에서 근무하라는 명령을 받았다고 합니다.

조카딸은 눈물을 흘리며 남편이 플로리다에서 교관으로 배치받기를 원했는데 그렇지 않아서 속이 상하다고 말했습니다. 부부는 둘 다 플로리다를 사랑했고 그곳에 근무하면서 서로 헤어지지 않기를 간절히 원했다고 합니다.

그 이야기를 들은 그녀는, 해야 할 일은 단 한 가지뿐이라며 즉각 전제의 법칙을 적용하자고 조카딸에게 말했습니다.

"만약 네가 실제로 플로리다에 있다면, 넌 무엇을 할까? 따듯한 산들바람을 느낄 거야. 그리고 공기에서는 짭조름한 냄새가 날 거고, 모래 속에 발가락이 빠지는 느낌도 들 거야. 그럼 지금 당장 그것들을 해보자."

그들은 신발을 벗고 불을 끈 채로 상상 속에서 따뜻한 산들바람을 느꼈습니다. 그리고 바다공기 냄새를 맡으며 발가락을 모래사장에 넣어보면서 그들이 실제로 플로리다에 있다고 느꼈습니다.

48시간이 지난 후에, 조카딸의 남편은 바뀐 명령서를 받았습니다. 공군 교관으로 플로리다에 바로 가라는 발령이 나게 된 것입니다.

5일 후에 아내는 남편을 만나기 위해 기차를 탔습니다. 숙모는 조카딸의 소망을 이루는데 도움을 주고자 상상을 함께 했지만, 플로리다에 가지는 않았습니다.

플로리다로 가는 것은 그녀의 소망이 아닌 조카딸의 열렬한 소망이었기 때문입니다.

-5-

다음은 전제의 법칙을 사용하자마자 외부에서 즉각적인 변화가 일어난 흥미로운 사례입니다.

한 유명한 여성분이 깊은 고민에 빠진 채 저를 찾아왔습니다. 그녀는 도시에 멋진 아파트를 한 채 갖고 있었고, 시골에도 큰 집 한 채를 갖고 있었습니다.

그녀는 돈 쓸 곳이 많았지만 수입이 적었기에 가족과 함께 시골집에서 여름을 보내려면 그 기간 동안 도시에 있는 아파트를 반드시 임대해야 했습니다. 이전 몇 년 동안에는 아파트가 초봄 시즌에 어려움 없이 임대되었지만 그녀가 저를 찾아올 당시에는 여름철로 임대시즌이 이미 지나간 상태였습니다.

아파트는 몇 달 동안 제일 잘 나가는 부동산 중

개인 손에 맡겨져 있었지만, 아무도 그 집을 보러 오지 않았다고 했습니다. 그녀가 자신의 곤궁한 상황을 설명했을 때, 저는 전제의 법칙이 그 문제를 해결하는데 어떻게 적용될 수 있는지를 설명했습니다.

저는 그 아파트가 즉시 입주하고자 하는 사람에 의해 임대되는 것을 상상하고 그것이 이루어졌다고 받아들인다면 그 아파트는 실제로 임대될 것이라고 말했습니다. 이것에 필요한 것은 오직 자연스러운 느낌뿐이었습니다.

아파트가 임대된 것이 기정 사실이라는 느낌을 만들어야 하기에 저는 그녀에게 아파트가 갑자기 임대된다면 그곳이 아닌 다른 장소에서 잠을 자고 있는 것을 상상하면서 그날 밤 잠에 들라고 제안했습니다.

그녀는 그 말뜻을 재빠르게 파악했고 그런 상황이라면 그녀의 시골집에서 자게 될 거라고 말했습니다.

이렇게 상담이 이루어진 것은 목요일이었습니다.

그 주 토요일 아침 9시에 활기차고 행복한 목소리로 그녀에게서 전화가 걸려왔는데 그녀의 말로는 지금 시골집에 있다고 했습니다.

목요일 밤 잠들 때, 그녀는 현재 살고 있는 도시 아파트에서 수마일 떨어진 시골집의 다른 침대에서 자고 있음을 실제처럼 상상하면서 그것을 느꼈다고 말했습니다. 바로 다음날인 금요일에 매우 호감이 가는 세입자가 나타났는데, 그녀가 원하는 모든 조건을 충족하고 있는 신뢰할 만한 사람이었다고 합니다.

그녀는 아파트를 임대했을 뿐만 아니라 바로 그날 입주할 수 있다는 조건으로 임대했습니다.

-6-

전제의 법칙을 가장 완벽하고 강렬하게 사용한다면 다음과 같은 절망적인 상황에서도 기적적인 결과를 만들어낼 수 있습니다.

4년 전에 우리 가족의 친구 한 분이 28살 난 자기 아들과 대화를 나눠달라고 부탁했는데, 그 청년은 살날이 얼마 남지 않았다고 했습니다. 그는 희귀한 심장병을 앓고 있었습니다. 이 병으로 인해 심장이 망가진 상태였습니다.

오랫동안 값비싼 병원치료를 해봐도 소용이 없었고 의사들마저 회복의 기미가 전혀 없다고 할 정도였습니다.

오랫동안 아들은 침대에만 갇혀 지냈습니다. 그의 몸은 쪼그라들어서 거의 뼈만 앙상하게 남아있었고, 말하거나 숨 쉬는 것마저 매우 버거워했습니다.

제가 방문했을 때 그의 아내와 어린 두 자녀가 함께 있었습니다. 제가 그와 대화할 때 그의 아내도 내내 곁에 있었습니다.

저는 우선 어떤 문제든지 해결책은 오로지 하나뿐이며 그것은 태도의 변화라고 말했습니다.

그는 말하기가 힘들었기에, 저는 그에게 제가 한 말을 분명히 이해한다면 동의의 표시로 고개를 끄덕이라고 말했습니다. 그는 그렇게 하기로 했습니다.

저는 의식의 법칙을 뒷받침하는 사실들에 대해, 그리고 의식만이 유일한 실체라는 것에 대해 말해주었습니다. 저는 어떤 상황을 바꾸는 방법은 그 상황에 대한 그의 의식 상태를 바꾸는 것이라고 말했습니다. 그가 이미 건강하다는 느낌을 갖는 것을 구체적으로 돕기 위해 저는 상상력을 제안했습니다.

전 그에게, 상상 속에서 의사의 모습을 떠올리며, 불치병의 단계에서 그가 회복된 것을 의사가 발견하고 믿을 수 없다는 표정을 짓는 것을 보라고 하였습니다. 그리고 저는 그에게, 의사가 재차 검진결과를 체크하는 모습을 보면서 "이건 기적이야, 이건 기적이야"라는 말을 하는 것을 들어보라고 제안했습니다.

그는 이 모든 것을 명확히 이해했고 굳게 믿었고, 이 과정을 충실히 따르겠다고 약속했습니다. 남편 옆에서 열심히 들었던 아내도 전제의 법칙과 상상력을 남편과 같은 방식으로 꾸준히 사용할 것이라고 굳게 다짐했습니다.

다음날 저는 배를 타고 뉴욕으로 갔습니다. 이것은 제가 열대지역에서 겨울 휴가를 보내는 동안 일어난 일이었습니다.

몇 달이 지나고 저는 그 아들이 기적적으로 회복되었다는 편지를 받게 되었고 다음 번 방문 때 그를 직접 만나게 되었습니다. 그는 완전히 건강을 회복해서 활발히 사업에 전념하고 있었으며 친구들, 가족들과 많은 사교활동을 즐기고 있었습니다.

그는 제가 떠난 날부터 '그것'이 효과가 있을지에 대해 한 치의 의심도 하지 않았다고 말했습니다. 그는 제가 했던 그 제안을 아주 충실하게 따랐고 매일같이 이미 건강하고 튼튼하다는 전제속에서 철저하게 살았다고 했습니다.

회복 후 4년이 지난 지금, 그는 오늘까지 살 수 있는 유일한 이유가 전제의 법칙을 성공적으로 사용했기 때문이라고 확신하고 있습니다.

-7-

다음 이야기는 뉴욕의 한 회사임원이 성공적으로 법칙을 사용한 예를 보여줍니다.

1950년 가을, 뉴욕의 유명한 한 은행의 임원이

자신이 처한 심각한 문제 때문에 저와 상담했습니다. 그는 자신의 진로와 승진에 대한 전망이 매우 어둡다고 말했습니다. 이제 자신도 중년이 되어 지위나 수입이 현저하게 개선돼야 한다고 생각하였기에, 상사들과 허심탄회하게 이야기를 나눴다고 합니다.

그러나 그들은 그에게 어떤 처우개선도 불가하다고 솔직하게 말했고, 불만이 있다면 다른 직장을 구해도 된다고 넌지시 말했습니다. 물론 이로 인해 그의 불안감은 가중되었습니다.

그는 나와의 대화에서, 자신은 큰돈을 원하지는 않지만 가정을 안락하게 유지하고 아이들이 좋은 학교를 다니기 위한 수입은 있어야 한다고 했습니다. 그런데 그의 현재 수입으로는 불가능했습니다.

은행이 그에게 가까운 시일내에 어떤 승진도 보장해주지 않았기에 그는 은행에 불만을 느끼게 되었고 훨씬 더 많은 급여와 더 나은 직위를 보장받고 싶은 마음이 강렬해졌습니다. 그가 세상에서 가장 원하는 직업은 재단이나 대학 같은 큰

기관의 투자자금을 관리하는 것이라고 털어놓았습니다.

저는 전제의 법칙을 설명하면서 그가 겪고 있는 현재 상황은 그저 그가 자신에 대해 갖고 있는 관념이 외부로 발현된 것에 불과하며, 그가 처한 상황을 바꾸기 원한다면 자아관념을 바꿔야 한다고 말했습니다. 이러한 의식의 변화와 그로 인한 상황변화를 유도하기 위해, 저는 매일 밤 잠들기 직전에 다음과 같은 과정을 따르라고 제안했습니다.

"당신이 그 회사를 퇴직하는 날, 그날이 당신의 인생에서 가장 중요하고 성공적인 날이라고 느껴보는 것을 상상하세요. 계약을 실질적으로 종료하는 바로 그날, 당신이 그토록 갈망하던 새로운 직장에 들어가는 날이고, 게다가 정확하게 당신이 원했던 그 대우를 받게 된다는 것을 마음으로 느껴보세요.".

저는 그가 이러한 느낌으로 마음을 완전히 채우는데 성공한다면 분명히 안도감을 느낄 것이라고 말하면서, 이 느낌 속에서 불안감과 불만은 이제 과거의 것이 되며 욕망이 이루어졌을 때 주어지는 '만족감'이라는 느낌을 갖게 될 것이라고 말했습니다. 저는 그가 이 일을 충실하게 한다면 반드시 그가 원하는 지위를 얻을 것이라고 확신시키면서 대화를 마무리 지었습니다.

이때가 12월 첫째 주였습니다.

그는 밤마다 예외 없이 이 과정을 따랐습니다. 그리고 2월초, 세계에서 가장 부유한 재단 중 한 곳의 이사(理事)가 그에게 투자를 다루는 임원직에 관심이 있는지를 물었습니다. 잠시 이야기가 오간 후에 그는 그 직책을 수락했습니다.

이제 그는 상당히 높은 수입과 꾸준한 승진기회를 보장받으며, 예전에 원했던 것보다 훨씬 더 높은 위치에 있게 되었습니다.

-8-

이 이야기에 등장하는 부부는 수년 동안 제 강의에 참석했었습니다. 이 이야기는 두 사람이 동시에 같은 목적을 가지고 법칙을 의식적으로 사용한 흥미로운 예입니다.

이 둘은 유달리 서로에게 헌신적인 부부였습니다. 그들의 삶은 완전히 행복했고 어떤 문제나 불만거리도 없었습니다.

한동안 그들은 더 큰 아파트로 이사 갈 계획을 세웠었습니다. 생각을 하면 할수록 그들의 마음은 멋진 펜트하우스로 기울었습니다.

남편은 큰 창문이 있어서 멋진 경관을 바라다볼 수 있는 집을 원한다고 말했습니다. 아내는 벽면의 한쪽이 천장부터 바닥까지 거울로 되어 있으면 좋겠다고 말했습니다. 그들은 둘 다 장작을 태우는 벽난로를 갖고 싶어 했고, 위치는 반드시 뉴욕시에 있어야만 한다고 했습니다.

몇 달 동안 그런 아파트를 찾아다녔지만 헛수고였습니다. 사실, 뉴욕의 어떤 아파트도 구하기에는 하늘의 별 따기와 같았습니다. 아파트들은 너무 구하기가 어려워 대기자 명단이 있었을 뿐만 아니라 수수료, 가구 구입 등을 포함한 온갖 종류의 조항들이 붙어 있었습니다. 새 아파트들은 완공되기 훨씬 이전부터 임대되었고, 심지어는 건물의 설계도만 만들어져도 임대가 될 정도였습니다.

그들은 몇 달 동안 고생하다가, 초봄에 마침내 살아보고 싶은 아파트를 찾아냈습니다. 그것은 센트럴 파크를 마주보고 있는 5번가 위쪽에 위치했으며 막 완공된 아파트의 펜트하우스였습니다.

하지만 그 아파트는 한 가지 심각한 문제점이 있었습니다. 신축 건물인 만큼 임대료 통제 대상이 아니었기에, 연간 임대료가 터무니없이 비쌌습니다. 사실 그들이 예산으로 잡은 것보다 연간 수천 달러를 더 초과했습니다.

3월과 4월의 봄철 동안 그들은 도시 전역의 여러 펜트하우스를 계속 찾아다녔지만, 그들의 마음은 언제나 이 펜트하우스로 되돌아왔습니다. 마침내 그들은 예산을 크게 늘리기로 결정하고 제안서를 만들었고, 아파트 중개인도 그것을 집주인이 검토할 수 있게 보내겠다고 했습니다.

이 시점에서 서로 말은 안 했지만 둘은 각각 전제의 법칙을 적용하기로 결심했고, 나중에서야 서로가 무엇을 했는지 알게 되었습니다. 밤마다, 그들은 둘 다 마음에 둔 그 아파트에서 잠을 자는 상상을 했습니다.

남편은 눈을 감고 누운 채, 침실 창문으로 가면 공원이 내려다보인다고 상상했습니다. 그는 아침에 제일 먼저 창가로 가서 전망을 즐기는 상상을 했습니다. 공원이 내려다보이는 테라스에 앉아서 아내와 친구들과 함께 칵테일을 마시며 이 상황을 충분히 즐기고 있다고 상상했습니다. 펜트하우스 안의 테라스 위에 자신이 실제로 있다는 느낌으로 마음을 가득 채웠습니다.

이 기간 동안 남편은 몰랐지만, 아내도 똑같은 일을 하고 있었습니다.

집주인 쪽에서 어떤 연락도 오지 않은 상태로 몇 주가 흘렀지만 그들은 매일 밤 잠이 들 때, 실제로 그 펜트하우스에서 잠을 자는 상상을 계속했습니다.

어느 날 놀랍게도, 그들이 현재 살고 있는 아파트 건물의 직원 한 명이 지금 살고 있는 곳의 펜트하우스가 비어 있다고 알려주었습니다. 그들은 깜짝 놀랐습니다. 이 집은 센트럴 파크 바로 옆의 완벽한 위치에 있었기에 뉴욕에서 가장 인기있는 건물들 중 하나였습니다.

그들은 그 아파트를 얻으려는 대기자명단이 길다는 것도 알고 있었습니다. 펜트하우스가 갑자기 임대 가능해졌다는 사실을 건물 관리자들이 다른 사람들에게 알리지 않은 이유는 그들이 어떤 지원자도 고려할 만한 지위에 있지 않았기 때문입니다.

그곳이 비어 있다는 것을 알자마자 부부는 즉각 건물관리자에게 임대해달라고 요청을 했지만 불가능하다는 답만 돌아왔습니다. 사실 그 건물의 펜트하우스 대기자 명단에 여러 사람들이 있었을 뿐만 아니라 실제로 한 가족에게 계약이 돼 있는 상태였기 때문입니다.

그럼에도 불구하고 부부는 관리자와 계속 만남을 가졌고, 결과적으로 그 펜트하우스에 입주할 수 있게 되었습니다.

그 건물은 임대료 통제 대상이어서, 그들이 처음 펜트하우스를 찾기 시작했을 때 예산으로 잡았던 것과 거의 비슷한 금액만 내면 되었습니다.

그곳의 위치와 아파트 상태 그리고 남, 서, 북

면으로 둘러싼 큰 테라스는 기대 이상이었습니다.

그리고 거실 한쪽에는 센트럴 파크의 멋진 경치를 볼 수 있는 가로 15피트, 세로 8피트의 거대한 창문이 있었습니다. 한쪽 벽은 바닥에서 천장까지 거울로 장식되어 있고, 장작을 때는 벽난로도 있었습니다.

Chapter 24
FAILURE

당신이 실패했다면 그 이유는

  이 책은 '전제의 법칙을 사용함에 있어서의 실패'를 논하지 않고는 끝맺을 수 없습니다.

  당신은 여기서 논하게 될 이유로 인해 수많은 실패를 해왔고 앞으로 하게 될 것이고, 그 중에는 정말 중요한 문제로부터 발생한 실패들도 있을 것입니다.

  이 책을 읽었다면 전제의 법칙을 적용하고 작동하는 법에 관해 철저한 지식을 얻게 되었을 것이고, 그러면 실제 몇몇 소망들을 강렬하게 성취하려고 노력하면서 법칙을 충실하게 적용해보려고 했을 것입니다. 하지만 실패했다면 그 이유는 무엇일까요?

  '충분히 끝까지 인내했나?'라는 질문에 당신이 '네'라고 대답할 수 있는데도 당신의 소망이 실현되지 않았다면, 실패의 이유는 무엇일까요? 이에 대한 대답은 전제의 법칙을 성공적으로 사용하는 데 있어서 가장 중요한 요소일 것입니다.

전제한 것이 사실이 되는데 걸리는 시간, 즉 욕망이 성취되는데 걸리는 시간은 원하는 존재가 이미 되었다는 느낌의 자연스러움, 바라는 것을 이미 가졌다는 느낌의 자연스러움과 비례합니다. 상상한 존재가 되었다는 것을 자연스럽게 느끼지 못하는 것이 당신이 실패하는 가장 큰 이유입니다.

당신의 욕망과 관계없이, 얼마나 충실하게 그리고 얼마나 총명하게 법칙을 따랐는가에 상관없이, 당신이 지금 원하는 존재가 되었다는 것을 자연스럽게 느끼지 못하고 있다면 당신은 그런 존재가 될 수 없습니다. 더 나은 직장을 갖는 것이 자연스럽게 느껴지지 않으면, 당신은 더 나은 직장을 가질 수가 없을 것입니다.

이러한 원리는 성경구절에서 다음과 같이 아주 잘 표현되어 있습니다.

그대는 그대의 죄 속에서 죽을 것이다.
[요한복음 8장 24절]

즉 당신은 현재의 한계를 뛰어넘어서 원하는 상태로 갈 수 없다는 말입니다. 그렇다면 어떻게 이런 자연스러운 느낌을 가질 수 있을까요?

해법은 단 하나, 상상에 달려 있습니다.

아주 간단한 예를 들어보겠습니다. 당신이 큰 철제 벤치에 단단히 묶여 있다고 가정해 보겠습니다. 당신은 뛰지도 못하고 사실 걸을 수조차 없습니다. 이런 상황에서, 당신이 뛴다는 것은 자연스럽지 못합니다. 당신이 뛴다는 것이 자연스럽다고 느낄 수는 없을 것입니다.

그러나 당신은 자신이 뛰는 것을 쉽게 상상할 수는 있습니다. 바로 당장 달리는 모습으로 의식을 가득 채운다면, 당신은 자신이 묶여 있다는 사실을 잊어버리게 됩니다. 상상 속에서, 당신의 달리기는 완전히 자연스럽습니다.

법칙을 실현시키기 위해 가장 필수적인 그 자연스러움이라는 느낌은, 원하는 존재가 되었다고 혹은 바라는 것을 얻었다고 상상을 하면서, 의식을 상상으로 꾸준하게 채워야 얻을 수 있습니다.

발전은 오직 당신의 상상에서, 현재 수준을 초월하려는 당신의 욕망에서 나옵니다.

당신은 당신의 상상력으로 모든 것이 가능하다는 것을 진정으로 알아야 하고 피부로 체감해야만 합니다.

그리고 당신은 일시적 기분의 변화가 아니라 의식의 변화가 일어나야 외부의 변화들이 일어난다는 것을 깨달아야만 합니다. 당신은 바라는 결과를 만드는 데에 필요한 특정한 의식 상태를 달성하지 못하거나 유지하지 못할 수도 있습니다.

그러나 일단 의식이 유일한 실체이며, 의식이 당신의 특정한 세상의 유일한 창조자라는 것을 알고, 이러한 진실을 온몸 깊숙이 새겨 넣으십시오. 그러면 성공과 실패는 전적으로 당신 자신의 손에 달려 있다는 것을 알게 됩니다.

당신이 특정한 상황에서 요구되는 의식 상태를 유지할 만큼 훈련됐는지 여부는 '전제는 끝까지 고집하면 사실이 된다'는 이 법칙의 진실성 여부

와는 아무 관련이 없습니다.

크게 실망하고 절망을 겪어도, 심지어 당신 삶의 빛이 꺼져 버린 것처럼 느껴져도 이러한 법칙이 진리라는 사실을 확실하게 견지해야 합니다. 당신이 전제한 것이 외부에 나타나지 않았다고 해도, '사실로 받아들인 것이 외부에 나타난다'는 진리를 거짓으로 여겨서는 안됩니다. 당신의 전제가 실현되지 않는다면, 그 이유는 당신의 의식에 어떤 오류나 약점이 있기 때문입니다.

그러나 당신은 이러한 오류와 약점을 극복할 수 있습니다.

그러므로 이미 원하는 사람이 되었다고 느끼면서 더 높은 목표를 향해 단호하게 밀고 나가십시오.

그리고 전제가 현실이 되는데 걸리는 시간은 이미 그러하다는 것을 얼마나 자연스럽게 받아들이는지에 비례한다는 것을 항상 명심하시기 바랍니다.

인간은 자신의 참모습으로 자신의 주변을 두른다.
모든 영혼은 스스로 집을 짓고, 그 집을 넘어서서
세상을 짓고, 그 세상을 넘어서 천국을 짓는다.
그렇다면 세상이 당신을 위해 존재한다는 것을 알
라. 당신에게 일어나는 현상은 완벽하다.
우리가 어떤 모습인지, 우리는 그것만을 볼 수 있다.
아담이 가졌던 모든 것, 시저가 할 수 있었던 모든
것, 당신은 그것들을 가질 수 있고 할 수 있다.
아담은 그의 집을 하늘과 땅이라고 불렀고,
시저는 그의 집을 로마라고 불렀다.
당신은 당신의 집을 어쩌면 구두수선집, 백 에이커
의 땅, 혹은 학자의 다락방이라 부를지도 모른다.
그러나 세세하게 모든 면에서 살펴보면 멋진 이름
은 아닐지라도 당신의 능력도 그들만큼 위대하다.
그러므로 당신 자신만의 세상을 만들라.
당신 마음속의 순수한 이상에 당신 삶을 얼마나
빨리 순응시키냐에 따라 그 만큼 펼쳐질 것이다.

- 에머슨 -

Chapter 25
FAITH
믿음

기적은 믿음이 없는 자가
믿음으로 이룩한 것에 대해 부여한 이름이다.

믿음은 바라는 것들의 실상이요
보이지 않는 것들의 증거이다.
[히브리서 11장 1절]

위의 인용문은 전제의 법칙(law of assumption)에 대한 근거를 담고 있습니다.

소망하는 것이 실제로 존재한다는 것과 그것을 실현할 수 있다는 가능성을 뿌리 깊게 인식하지 못하면, 이미 그렇게 되었고 이미 그것을 소유하고 있다는 의식을 갖는 것은 불가능합니다. 창조는 끝났고 모든 것이 이미 존재한다는 사실이 우리에게 희망을 불러 일으키고 있습니다. 희망은 이제 기대가 됩니다. 성공에 대한 기대가 없다면 의식적으로 전제의 법칙을 사용할 수는 없습니다. '증거'는 실재성을 의미합니다.

그래서 위의 인용문에서 '믿음'이란 당신이 전제한 것의 실재성을 인식하는 것입니다. 즉 당신이 지금 보지는 못하지만 그것들이 실재한다는 확신, 보이지 않는 실재를 정신적으로 감지하는 것을 말합니다.

결과적으로 믿음이 부족하다는 것은 당신이 소망하는 것의 존재를 불신하는 것입니다.

당신의 경험은 당신 의식 상태가 충실하게 재현(再現)되고 있는 것일 뿐입니다. 그러므로 믿음이 부족하다면, 아무리 전제의 법칙을 의식적으로 사용한다 해도 계속 실패만 거듭할 것입니다.

역사상 전 시대에 걸쳐, 믿음은 주요한 역할을 해왔습니다. 믿음은 세상의 모든 위대한 종교에 스며들어있고, 모든 신화 속에 엮여 있습니다. 그러나 오늘날 사람들은 그것을 거의 제대로 이해하지 못하고 있습니다.

일반적인 사람들의 생각과는 달리 믿음의 효력은 어떤 외부 대리인의 행위 때문이 아니라 처음부터 끝까지 당신의 의식 활동에서 나옵니다.

성경은 믿음에 관한 진술들을 가득 담고 있지만 그 진정한 의미를 아는 사람이 거의 없습니다. 여기 믿음에 대한 몇 가지 예를 들어보겠습니다.

**그들과 같이 우리도 복음을 전해 받았으나,
그들에게는 유익하지 못한 것은
듣는 자가 믿음과 결부시키지 않았기 때문이다.
[히브리서 4장 2절]**

위 구절에서 '우리'와 '그들' 모두 '복음'을 들었다는 것은 명백합니다. '복음'이란 좋은 소식을 의미합니다.

당신에게 좋은 소식이란 당신이 소망을 성취했다는 것입니다. 당신의 무한한 자아는 당신에게 늘 이것을 전하고 있습니다. 소망하는 것이 분명 존재하며 당신이 할 일은 의식 안에서 그것을 받아들이기만 하면 된다는 것이 좋은 소식입니다.

'믿음과 결부시키지 않았다'라는 말의 의미는 소망의 실재를 부정하는 것입니다. 그렇게 되면 어떤 유익함도 없습니다.

믿음이 없고 패역한 세대여, 내가 얼마나 너희와 함께 있으랴. [마태복음 17장 17절]

'믿음이 없다'의 의미는 분명합니다.

'패역하다'는 '잘못된 길로 들어섰다'는 뜻입니다. 다시 말해서 원하는 존재가 되지 못했다는 의식을 의미합니다. 믿음 없음, 즉 당신이 전제한 것의 실재성을 믿지 못하는 것이 패역한 것입니다.

'얼마나 오랫동안 내가 너희와 함께 있으랴?'가 의미하는 것은 소망의 성취는 바른 의식상태의 토대 위에서 가능하다는 말입니다.

믿음 없음과 패역함을 버리고 의로움으로 향해야만 당신이 소망하는 것이 당신 것이 됩니다. 앞서 말한 것처럼 의로움은 원하는 존재가 이미 되었다는 의식입니다.

믿음으로 애굽을 떠나 왕의 노함을 무서워하지 아니한다. 왜냐하면 그는 곧 보이지 않는 자를 보는 것 같이 하여 참았기 때문이라.
[히브리서 11장 27절]

'애굽'은 어둠을 의미하며 외부의 신(神)들(=외부 원인들)에 대한 믿음을 의미합니다.

'왕'은 외부의 조건이나 상황이 가진 힘을 상징합니다.

'그'는 원하는 존재가 이미 되었다는 당신의 자아관념입니다.

'보이지 않는 자를 보는 것같이 하여 참았다'는 것은 소망이 이미 이루어졌다는 전제를 끝까지 고집함을 의미합니다.

이 인용문은 원하는 존재가 이미 되었다는 전제를 고집함으로써, 모든 의심, 두려움, 외부 조건이나 상황이 갖는 힘에 대한 믿음을 초월해야 함을 말해줍니다. 그렇게 되면 당신의 세상은 필연적으로 당신의 전제를 따를 것입니다.

　믿음의 사전상 정의는 다음과 같습니다.
　'진리에 대한 사고나 이해의 향상' - '흔들리지 않고 원칙을 고집함'
　이 표현들은 매우 적절해서 전제의 법칙을 염두에 두고 썼다고 봐도 무방할 정도입니다.

　믿음은 의문을 제기하지 않습니다.
　믿음은 그저 알 뿐입니다.

Chapter 26
DESTINY
운명

  당신의 운명이란 당신이 필연적으로 경험해야 하는 것을 말합니다. 실제로 운명은 하나의 운명이 이루어지면 새로운 운명이 시작되고, 이런 각각의 운명이 무한하게 조합되어 있기에 무한하다고 말할 수 있습니다.

  삶도 무한하기에 궁극적 운명의 종착지란 것도 존재할 수 없습니다. 의식이 유일한 실체이기에 의식이 유일한 창조자입니다. 즉 당신의 의식이 당신 운명의 창조자입니다. 실로 당신은 매순간, 알던 모르던 간에, 당신의 운명을 창조하고 있습니다.

  당신은 당신자신이 삶에 들어오고 있는 것의 창조자라는 것을 모르는 상태에서도, 많은 좋은 것들과 멋진 것들을 누리고 있습니다.

그러나 당신이 경험하는 것의 원인들을 이해해서, 좋던 나쁘던 당신 삶의 내용물들을 창조한 사람이 오직 당신뿐이라는 것을 알게 되면 당신은 모든 현상들을 더 깊이 통찰하게 되고, 의식이 가진 힘을 인식함으로써 풍요롭고 고귀한 삶을 더욱 누릴 수 있게 됩니다.

당신은 가끔 안 좋은 경험들을 겪는 것 같기도 하지만 결국에는 더욱 높은 의식의 상태로 상승해서 창조의 무한한 경이로움을 더 많이 현현하게 될 것입니다. 이것이 당신의 운명입니다.

실제로, 당신은 당신 자신의 욕망을 통해 계속되는 운명을 의식적으로 창조할 수 있다는 것을 언젠가는 깨닫게 될 것입니다.

이 책을 통해 의식을 상세하게 이해해서 전제의 법칙에 대한 작동원리를 공부하면 당신은 최상의 운명을 의식적으로 달성할 수 있는 가장 중요한 열쇠를 갖게 됩니다.

오늘 바로 새로운 삶을 시작하세요. 새로운 마음의 틀 속에서, 새로운 의식 상태를 가지고, 모든 경험들을 대하세요.

모든 면에서 당신은 가장 고귀하고 가장 훌륭하다는 것을 사실로 여기고 그 안에 머무르세요.

그렇다고 믿어보세요.

그러면 위대하고 경이로운 일들이 일어날 것입니다.

Chapter 27
REVERENCE

경외심

그대가 그것을 사랑하지 않는다면
그대는 어떤 것도 만들어낼 수 없다.
[헤르메스 - 지혜의 서(書) 11장 24절]

모든 창조물 가운데서, 모든 영원한 것 가운데서, 당신이란 무한한 존재의 모든 영역 가운데서 가장 경이로운 사실은 제가 이 책의 첫 단원에서 강조한 것입니다. 그것은 바로 이것입니다.

당신은 하느님입니다.
당신은 I AM입니다.
당신은 의식입니다.
당신은 창조자입니다.
이것은 불가사의한 것이며, 모든 시대에 걸쳐

선각자, 선지자 그리고 신비주의자들이 알고 있는 위대한 비밀입니다. 이것은 당신이 결코 지식적으로 알 수 없는 진리입니다.

이러한 당신은 누구입니까?

당신이 자신을 존 존스, 메리 스미스라고 알고 있다면 그것은 터무니없는 말입니다. 의식이 있기에 당신은 존 존스, 메리 스미스라는 것을 알고 있습니다.

의식은 당신의 보다 큰 자아, 당신의 보다 깊은 자아, 당신의 무한한 존재입니다.

그것을 무엇이라 불러도 좋습니다. 중요한 것은 그것이 당신 내부에 있으며, 그것이 당신이며, 그것이 당신 세상의 전부라는 것입니다.

이러한 사실을 기초로 불변의 법칙인 전제의 법칙이 성립됩니다.

이러한 사실을 바탕으로 당신이라는 그 존재가 세워집니다.

이러한 사실을 토대로 이 책의 모든 단원이 만들어졌습니다.

당신은 이것을 지식적으로 알 수 없고, 그것을 토론할 수도 없으며, 그것을 실증할 수도 없습니다.

당신은 그것을 느낄 수 있을 뿐입니다.

당신은 그것을 오로지 인식할 수 있을 뿐입니다.

그것을 인식하게 되면, 어떤 거대한 감정이 당신 존재 속으로 스며듭니다.

당신은 끊임없는 경외의 느낌을 갖고 살게 됩니다.

당신의 창조자는 바로 당신 자신이라는 것, 그리고 그가 당신을 사랑하지 않았다면 당신을 결코 만들지 않았을 거라는 것을 알고 나면 당신의 가슴은 헌신과 경배로 가득차게 됩니다.

당신 주변의 세상을 단 한순간이라도, 단 한번이라도 제대로 알아차린다면 당신은 깊은 경외와 숭배의 느낌으로 가득 차게 됩니다.

경외의 느낌이 가장 강렬할 때 당신은 하느님과 가장 가까워지는 것이며 하느님과 가장 가까이 있을 때, 당신의 삶은 가장 풍요롭습니다.

가장 깊은 느낌들은 표현하기가 가장 어려우며 경배를 드릴 때조차도, 우리가 할 수 있는 최고의 찬사는 침묵뿐입니다.

                    [전제의 법칙] 끝

상상은 당신이 추구하는 것을
현실로 안내하는 문이기 때문에
먼저 상상 속에서 그것을 얻어야 합니다.

그러나 결과를 생각하는 방관자가 아니라
결과로부터 생각하는 참여자가 되어야 합니다

이 상태는 몽상과는 다릅니다.
왜냐하면 이 상태는 '통제된 상상력'과,
'꾸준하며 집중된 주의력'의 결과인 반면
몽상은 통제되지 않은 상상의 결과이며
그저 백일몽을 꾸는 것과 같기 때문입니다

서른세개의 계단 책

네빌 고다드 5일간의 강의 [네빌 고다드 지음]

네빌 고다드가 1948년에 5일간에 걸쳐 한 강의와 청중들과의 질문과 대답을 묶은 책이다. 시크릿으로 대중화된 '현현의 법칙'을 보다 깊게 다루고 있다. 이론에 대한 자세한 설명과 현실에 적용할 수 있는 자세한 방법을 설명한다.

세상은 당신의 명령을 기다리고 있습니다 [네빌 고다드 지음]

네빌 고다드가 첫 책으로 냈던, [세상은 당신의 명령을 기다리고 있습니다. 원제 At Your Command]와 8개의 일반 강의를 묶어서 책으로 출간했다. 마음의 법칙 전반을 다루고 있다.

네빌 고다드의 부활 [네빌 고다드 지음]

네빌 고다드의 7권의 책을 한권으로 묶었다. 그의 강의를 들었던 청중들이 보내준 많은 경험담과 '현현의 법칙'에 대한 원리를 자세하게 기술하고 있다.

믿음으로 걸어라 (양장본) [네빌 고다드 지음]

저자가 생전 중요하게 여겼던 성경의 구절들을 하나씩 풀이하여 엮었다. 마치 시처럼 한 문장 한 문장이 영혼에 닿는 듯, 읽는 이로 하여금 깊은 울림을 준다.

당신 안의 평화 (양장본) [조셉 머피 지음]

　잠재의식의 힘으로 유명한 조셉 머피의 작품으로 요한복음 전체를 강의했다. 누구나 한 번씩은 접하는 성경이지만 성경에 숨겨진 상징을 알지 못하면 그 의미를 깨닫기 힘들다. 이에 조셉 머피가 한 문장 한 문장 그 숨겨진 의미를 밝힌다.

모죽다, 왕국의 비밀 (양장본) [모죽다 지음]

　그리스도의 참뜻을 알리기 위해 인도에서 온 영적스승 모죽다. 그가 전해주는 쉽고도 간결한 그리스도의 메시지를 한 권의 책으로 묶었다. 동양의 지혜와 그리스도의 메시지가 모죽다에 의해 밝혀진다.

네빌 고다드 라디오 강의 [네빌 고다드 지음]

　네빌 고다드가 로스앤젤레스 라디오를 통해 강연했던 자료들과 1968년이후 강연을 모았다. 이전까지의 책들이 '법칙'에 치중했었다면 이 책은 '법칙'과 '약속'을 적절히 잘 혼합했다. '약속'은 마치 꽃이 피어나듯이 우리 인간 안의 완벽한 자아도 삶과 경험을 통해 완벽하게 피어난다는 내용을 담고 있다.

리액트 (양장본) [네빌고다드 지음]

이 책은 네빌고다드가 반응에 중점을 두고 강의한 것을 묶은 것이다. 반응은 우리의 삶을 옭아매기도 하고, 반대로 우리의 삶에 자유를 줄 수도 있다. 이 책을 통해 우리는 반응을 관찰해서, 바꾸는 법을 배울 수 있다.

네빌링 [리그파 지음]

저자가 네빌고다드의 강의를 읽고 삶에서 적용해본 것을 바탕으로 잠재의식과 상상의 법칙을 설명한다. 많은 실수를 고백하고, 그것으로 인해 새롭게 깨닫게 된 경험들을 기록했다.

웨이아웃 [조셉배너 지음]

1900년대 초중반 미국 영성계를 이끌었던 책이자, 엘비스 프레슬리를 비롯한 많은 이들이 꼽는 최고의 책이다. 조셉 배너는 자신의 책에서 말한 풍요의 법칙과 작은 자아를 초월한 삶(Impersonal Life)을 살았던 완벽한 모범이었다. 그는 책에서 모든 사람에게는 신성한 자아가 존재하고, 사람들의 산란한 마음으로 인해, 마치 구름이 태양을 가리듯 그것이 발현되지 못하고 있다고 말한다.

임모틀맨 1,2 [네빌고다드 지음]

임모틀맨은 네빌고다드가 세상을 떠나기 직전의 강의들을 마가렛 부름 여사가 묶은 책이다. 책에서는 우리가 삶이란 꿈을 원하는 모습으로 꾸는 방법인 '법칙'과 삶이란 꿈을 꾸고 있는 우리 내부의 거대한 자아가 깨어나는 '약속'에 대해 설명한다.

상상의 힘 [네빌고다드 지음]

네빌고다드의 소책자, Awakened Imagnation과 Search와 그의 음성강의 THE UNALLOYED, THE POWER, FEEL AFTER HIM 세개를 한권으로 묶었다. 과연 상상은 힘을 갖고 있을까? 론다번, 조 바이틀리 등이 가장 존경하는 인물로 꼽았던 20세기 최고의 형이상학자인 네빌고다드의 강연을 통해 다시 한번 그 질문에 대한 해답을 찾아본다.

마음의 과학 (양장본) [어니스트 홈즈 지음]

미국의 신사상운동을 주도했던 홈즈는 종교과학이라는 단체를 설립하고, 체계적으로 자신의 학생에게 형이상학을 가르쳤다. 그 교과서가 된 책이다. 그는 이 책을 통해 인간이 왜 소우주라고 불리는지에 대한 이론적인 설명을 바탕으로, 현실에서 원리를 이용하여 문제를 해결하는 실천적 방법을 제시한다.

책 내용에 관심이 있으신 분은 방문해주세요.

서른세개의 계단 블로그　http://33steps.kr
교정용 가위 실천 카페　http://cafe.naver.com/33neville

유튜브 채널

이미 이루어진 것처럼 살아라
전제의 법칙

2023년 4월 28일 초판 발행
2025년 11월 11일 8쇄 발행

지은이　네빌고다드
번　역　이상민
펴낸곳　서른세개의 계단 070.7538.0929
블로그　http://blog.naver.com/pathtolight
ISBN　978-89-97228-34-8 (03110)
잘못된 책은 바꿔 드립니다. pathtolight@naver.com